涟漪效应

[英] 杰兹·格鲁姆（Jez Groom）
阿普丽尔·韦拉科特（April Vellacott） 著

张唯一 译

中国科学技术出版社

·北 京·

Ripple: The big effects of small behaviour changes in business/ISBN: 978-0-85719-753-5

COPYRIGHT © 2020 by Jez Groom and April Vellacott.

The simplified Chinese translation rights arranged through Rightol Media.（本书中文简体版权经由锐拓传媒取得 Email: copyright@rightol.com）

北京市版权局著作权合同登记 图字：01–2021–2857。

图书在版编目（CIP）数据

涟漪效应 /（英）杰兹·格鲁姆,（英）阿普丽尔·韦拉科特著；张唯一译 . 一北京：中国科学技术出版社，2021.6

书名原文 : Ripple:The big effects of small behaviour changes in business

ISBN 978–7–5046–9069–2

I. ①涟… II. ①杰… ②阿… ③张… III. ①行为科学—研究 IV . ① C

中国版本图书馆 CIP 数据核字（2021）第 098779 号

策划编辑	杜凡如　王雪娇	
责任编辑	申永刚	
封面设计	马筱琨	
版式设计	锋尚设计	
责任校对	邓雪梅	
责任印制	李晓霖	

出　　版	中国科学技术出版社
发　　行	中国科学技术出版社有限公司发行部
地　　址	北京市海淀区中关村南大街 16 号
邮　　编	100081
发行电话	010–62173865
传　　真	010–62173081
网　　址	http://www.cspbooks.com.cn

开　　本	880mm×1230mm　1/32
字　　数	140 千字
印　　张	6.75
版　　次	2021 年 6 月第 1 版
印　　次	2021 年 6 月第 1 次印刷
印　　刷	河北鑫兆源印刷有限公司
书　　号	ISBN 978–7–5046–9069–2/C·176
定　　价	69.00 元

((目录))

绪论

看似微小的助推，可能会对我们的
世界产生持续的涟漪效应

我们乘上一架飞机，跨越半个地球，住进从爱彼迎上预订的陌生人的家中；我们在易趣网上成功竞拍到一套泰特利斯特牌的球杆后，开心地给英国安格尔西岛上的高尔夫狂人品牌公司支付699.99美元；我们用优步随机叫了一辆丰田普锐斯，然后惬意地坐到了后座上。

如果你把我们这些决定讲给几十年前的人听，他们一定会大吃一惊。我们怎么能够信任这些从来没有见过，甚至没有听说过的人呢？

一切都归结于一个简单的机制：卖家反馈。

这个表面看上去微不足道的"助推"，怎么会对我们的生活方式和商业运营方式产生地震般的效应呢？

人是社会性生物，依靠信任网络来建立社群。从前，你会高兴地送给知根知底的邻居一筐鸡蛋，到时候他将会回赠你一袋糖。

而在我们当今的社会经济环境中，人们必须与信誉不明的人进行交易。然而，我们怎么才能知道谁是可信的呢？

为做出这一决策，我们不得不依赖于一种信任的代用品——卖家反馈。例如，在使用优步出行之后，你和司机会互相评价。这些评价的得分经过组合之后产生一个分值。别人在做决定时，就可以依靠这个分值来决定是否相信你。如果别人给了你积极的反馈，那么我们就可以把这个反馈称为"社会认同"，表明你是一个值得信任的人。

术语解析

社会认同
我们倾向于与我们周围的人的行为保持一致，遵循社群的行为规范，参见"从众"。

具有强烈涟漪效应的微小"助推"

卖家反馈，表面上看似微不足道——只是个简单的星级评分而已。但它是一个范例，由一个小特征给组织赋能，催生出像优步、亚马逊、易趣网和爱彼迎这样10亿美元级企业的范例。这一小小的"助推"，或者说是水中的一道涟漪，对整个经济产生了蝴蝶效应，完全改变了酒店、交通和零售行业的经营规则。

正如这一微小的机制对我们的经济产生了地震般剧烈的影响，其他微小的行为变化，也可以在企业中产生极大的涟漪效应。

任何人都可以利用行为科学的力量，通过在现实世界中小小的"助推"，产生积极且长远的连锁反应。本书将给你以启示，并教你如何做到这一切。我们希望你能在职业生涯中应用行为科学，获得引领这种变化的能量。

学术界不断有令人惊讶的新发现，并且行为科学已经开始被应用在公共政策领域。然而，在商业领域行为科学还尚未得到广泛应用。例如，怎样利用行为科学帮助你进行电话沟通、信函写作和网页设计？为了解读这一领域的发展现状以及涟漪效应的适用范围，我们首先来看一看行为科学迄今为止的演变过程。

行为科学的演变

行为科学得以慢慢渗透进我们的集体意识，要归功于三级台阶。第一级台阶是一次史诗般的跨越。与长久以来经济学家们的假设相反，专业学者认识到人类的行为并不总是理性的。从20世纪70年代到21世纪初，行为科学的代表人物（如丹尼尔·卡尼曼、阿莫斯·特沃斯基、凯斯·桑斯坦、理查德·塞勒、丹·艾瑞里、罗伯特·西奥迪尼）揭示了人类大脑的数百种系统性偏见和决策捷径。

第二级台阶提出了将行为科学应用于现实世界的概念。这一概念是由理查德·塞勒和凯斯·桑斯坦于2008年出版的《助推：如何做出有关健康、财富与幸福的最佳决策》①一书提出的。英国和美国的政治家们受此启发，开始探讨这些系统性偏见和决策捷径是否可以用于帮助公众做出更好的决定。例如，我们都想往养老金账户中存钱，但是相对于舒适的退休生活这一延迟的好处，我们更愿意得到更高的薪水这一即时性的满足。政治家们认识到，他们可以利用人们的大脑习惯按照默认选项操作这一事实，实施工作场所养老金账户自动注册制度。这一政策不仅能够帮助民众实现他们的储蓄目标，同样也能够帮助政府减轻为老龄人口提供膳食的负担。

前两个台阶是行为科学演变史上重要的飞跃。对于第三级台阶——将行为科学的各种绝妙见解广泛应用于现实世界方面，我们尚未取得同样伟大的成就。时至今日，我们已经发现了很多问题及潜在的行为科学解决方案，但是如何将这些方案付诸实行，尚没有明确的路线图。我们缺乏实用的工具包来应对将行为科学应用于现实世界，特别是商业领域的繁杂情况。简而言之，我们写本书的目的，是给那些好奇"助推之后是什么"的人们一个答案，也给那些一直想知道"将行为科学应用于私营企业该从何处入手"的人们一个答案。

本书具有以下特色：通过案例向读者展示了应用行为科学的机会和陷阱；为读者提供了从无到有开展行为科学项目的实

---

① 原书名为 *Nudge: Improving Decisions About Health, Wealth and Happiness.* 中文版于2018年3月出版。——编者注

用工具包。通过本书，你将学到怎样在你的企业中应用和植入行为科学，你还将受到启发，如何更好地利用自己的智慧。

从兔年到粉色墙壁：你将学到什么？

我们在阅读一系列将行为科学应用于商业领域的案例研究时，将会跟随作者走遍世界。在每章的最后，我们会给出3个实用的工具包，依计而行，你就能开启将行为科学应用于现实世界的旅程。

杰兹在英国伦敦完成了他的第一次行为科学实践，我们就从这里开始讲起。他开展了一系列以兔子为主题的实验，将行为科学从实验室引入现实世界。我们在了解了进行小规模实验对于将行为科学引入生活的重要性之后，将旅行数英里（1英里=1609.344米）前往英国伦敦格林尼治区，听一听在商店百叶窗上绘制婴儿面孔减少了反社会犯罪的故事。这种对于行为科学具有创新性的应用来源于偶然的碰撞，因此我们学到了建立一个促成此类应用的团队的方法。然后我们将看到行为科学被用于打击扒窃行为的案例，并学到帮助此类理念开花结果的实用步骤。

在接下来的几个章节中，我们将前往世界各地。在南非，我们将听到通过借鉴各种各样人的深刻见解，创造了一个"助推"，提高了手机卡销量的故事。我们由此学到了怎样促进一个工作坊①设计出一系列行为科学创意。然后我们前往巴黎，在那里，我们将看到说服法国人饮用气泡水有多么困难，以及如何在实施过程中调整干预措施来克服障碍。

在泰国，我们了解了怎样通过行为科学的应用，设计出一种可以改变泰国女性根深蒂固的洗衣习惯的创新型产品。不过，因为缺乏良好的能力生态系统②来制作这种创新型产品，这个创意没有变成实物。从这一案例中，我们发现了防止这种情况再次发生的方法——创造一个可以帮助你将创意变成产品的人际关系网络。

之后我们跨过大西洋，来到了人民正在面临肥胖危机的墨西哥。当为了推动整个国家接受更加健康的生活方式，应对如此大规模的行为转变时，我们认识到了将大的"助推"与小的"助推"一起分层实施的重要性，以及怎样将大小助推与一个模型或一个行为理论联系起来。

再回到英国，我们听说了一个组织怎样从一个小型的行为科学试点，发展到组织内部大规模应用的过程，并了解了取得这一成果的步骤。之后我们听说了行为科学被刑事司法体系内的人员应用于与罪犯的互动工作，从而减少罪犯再次犯罪的案例，并发现通过培训，任何人都能获得应用行为科学的能力。

_____

① 工作坊是目前越来越流行的一种提升自我的学习方式，也是广大创客组织策划线下交流的常见模式。——编者注
② 能力生态系统指的是公司能够获得其他有能力的提供者支持的体系。——编者注

然后，我们看到了在商业领域，应用行为科学时机的重要性，并理解了为什么测量正确的结果比测量最容易得到的输出值更重要。

在苏格兰，我们了解了创造中立的选择架构的重要性，以及怎样查验你的"助推"是否合乎道德。之后我们学习了怎样动员一个来自特大组织的多学科团队利用行为科学改进一项商业定位，比如一个网店遍布全英国的零售商。

.... 术语解析

选择架构

一个人如何进行选择，会影响最终的决策。

本书最后我们用两个案例研究展示了进行行为干预从开始到完成的全过程。在智利，我们看到了利用"助推"提高一个屠宰场工人们手部卫生水平的场景。最后，我们又回到了英国伦敦，在这里我们学习了一个建筑工地用粉色墙壁减少了工人不安全行为的案例。

你该怎样阅读本书呢？

首先，建议你从头到尾将本书阅读一遍。然后，当你开始设计自己的行为干预措施时，使用书中给出的工具包作为参考。本书中的工具包按照顺序进行了编号，你可以按顺序从第1个读到第39个，也可以选读。

第一章

伦敦，兔年①

---

① 文中所指的兔年，指的是 2011 年。

让行为科学走出实验室，
走进现实生活

你还记得是什么让你第一次对助推理论产生了兴趣吗？

曾经在一个心理学研讨班上，一位讲师要求学员们拿出学生证，把学号的最后两位写下来。

然后，他指着投影在白板上的一张葡萄酒图片说："这儿有一瓶不错的葡萄酒，现在我希望大家写一下自己愿意花多少钱来购买它。"

结果令人惊讶，每个人的报价都受到了他刚才写下的学号的影响。尽管这些随机数字与葡萄酒的价值毫无关联，但在随后的价值判断过程中，它们发挥了锚点作用。这一锚定效应在生活中的生动体现，让人们惊奇不已，印象深刻。并且由于片刻之前学员们刚刚陷入过这种心理偏见，因此没人能否认这种效应的存在。

术语解析

锚定效应
一旦我们获悉了一则信息（锚），它就会影响我们接下来的判断。

所有人对于行为科学的认知，都始于一个"开悟时刻"。正是在那一瞬间，人们意识到人的行为以违反直觉的方式，并且往往是很滑稽的方式，受到了助推理论的影响。由此可知，如果你想让他人对行为科学产生兴趣，也需要创造这样的"开悟时刻"。而想要创造出一个"开悟时刻"，你必须超越枯燥的学术研究案例，以一种让人感觉到与生活相关的方式，使行为科学"活"起来。

设想在一次聚会上，你试图向某人阐释应用行为科学之美。如果你是想用阿姆斯特丹史基浦机场小便池里的苍蝇这一经典故事，来激发他的想象力，你可以试着给你的新朋友这样阐释："为了验证通过建立新环境，可以将男性的注意力引向一个特定区域的假设，我们在一处男士洗手间里进行了一次随机对照试验。发现只是简单地在小便器上刻一个标记，就能够刺激男性在小便时对准预期位置，从而改变他们的小便行为，减少小便外溢现象。"

或者，你可以让故事更有声有色一点："根据个人经验，我在机场卫生间遇到的大多数男人要么极其无聊，要么就是醉汉，或者两者兼而有之。这些人撒尿时对尿没尿进便池里一点儿都不在意，所以常常会尿在地板上。但是，如果在小便池的内壁上刻上一只苍蝇，男人们小便时会下意识地对准它，尿在外面的可能性将下降80%。"

上面两个故事版本，你更愿意听哪一个呢？第二个版本是不是更有可能激发"开悟时刻"，因为听众更容易将故事与自己联系在一起。与其用科学知识让人们思维混乱，不如帮助他们赏析与自身生活、职业身份、人际关系有关的行为科学应用实例，来激起他们的兴趣。

杰兹对这一点心知肚明，在奥美这家全球化的广告公司组织的内部行为科学实践课上，他就是这样做的。

关注行为科学的意义

时间来到2011年，杰兹此时是一名综合战略总监。他与奥美广告公司的董事会副主席正在密切合作，二人想要组建一支新的团队，这个团队唯一的工作目标就是将行为科学应用在广告之中。他们选定了"奥美新改变（Ogilvy Change）"这个名字，而他们现在需要让他们的同事对于行为科学感到兴奋。为了让公司所有人都能拥抱行为科学，他们需要激发同事们的想象力。

一种选择是他们花一个小时进行关于启发式和心理偏误的教学。在这种情况下，他们可以告诉大家，美国专家开发出了一个绝妙的"明天存更多"项目（Thaler和Benartzi，2004）。该项目发现，应用行为经济学能够在40个月内将人们的储蓄率从工资总额的3.5%提高到13.6%。

或者，他们可以谈一谈《经济学人》为了提高实体杂志和数字杂志的销售额，是怎样精心设计了它的订阅选择结构。准订阅者有3个选择：订阅电子版杂志，支付50美元；订阅纸质版杂志，支付125美元；或者同时订阅电子版和纸质版杂志，支付125美元。当用同样的价格能够同时获得线上阅读权和一本纸质版杂志时，谁会选择单独的纸质版呢？丹·艾瑞里发现，通过设置这种具有诱骗性的选项，明显会有更多的人选择价格更贵的套餐（TED[①]，2008）。但是，如果没有单独的纸质版的订阅选项，更多的人会选择更便宜的纯电子版。这就证明了人们的决策会受到选择结构的影响，而行为科学能够对商业运营结果产生巨大的影响。

如果他们想通过花一个小时教学的方式，将同事们转变成行为科学的狂热爱好者，也许最好的结果就是收获寥寥数人。而这也是应用行为科学在早期总是失败的原因。很多行为科学的知识是理论性的，在商业环境中遇到的挑战是如何将应用的可能性变成现实。

同样具有讽刺意味的是，由行为科学的先驱之一创作的畅销书《思考，快与慢》（卡尼曼，2011）是专门写给学术界读者的。这本书出版时选用的字体很小，非常难读且几乎没有插图。如果这本书能采用更加平易近人的版式设计，不知道得多卖多少本！而如果将这本书拆分成几本书，增大字号，配上插图，这本书将能以一种更加吸引人的方式，把行为科学的好处传递给非学术界的读者。

[①]　TED指Technology，Entertainment，Design在英文中的缩写，即技术、娱乐、设计。是美国一家私有非营利机构。——编者注

兔年的有趣研究

放弃了讲课方式的杰兹和罗里着手在机构内部开展了一系列有趣的研究，旨在让行为科学的应用生动起来。这一年是中国的兔年，所以他们的实验都围绕着这个主题来展开。他们能让人们像兔子一样多吃萝卜，行动像兔子一样快速，像兔子一样蹦蹦跳跳，像兔子一样交配吗？尽管这些研究都受到了学术期刊的启发，但他们这个实验版本的学术性没有那么强。不过相较于他们的目的，专业性弱一些并没有什么关系。关键在于将理论引入生活，展示应用行为科学推动行为改变的方式。

像兔子一样多吃萝卜

杰兹和罗里的第一个实验是在公司内部餐厅开展的，他们准备推动同事们去吃更多的萝卜。当健康食品被摆放在更容易拿到的地方，或者排在第一位时，我们更有可能去选择它们。例如，在一家医院餐厅进行的一项研究发现，甜点摆放的位置对于顾客选择健康食品还是不健康食品有显著影响，因为人们更愿意选择那些容易拿到的甜点（Meyers，Stunkard 和 Coll，1980）。因此，为了推动同事们像兔子一样多吃萝卜，他们把萝卜往餐厅取餐路线开始的方向移动，并将供应量增加到平时的两倍。了解到在饭店菜单上增加感官形容词能同时提高销量和客户满意度，他们还将萝卜的说明改成了"多汁萝卜"
（Wansink，Painter和Van Ittersum，2001）。

结果如何呢？在他们干预之前，午饭后萝卜总会剩下。而
他们干预的结果是，两倍量的萝卜都被吃掉了。萝卜变得更受
欢迎，在用餐结束后一点儿也没剩下。

行动像兔子一样快速

与乌龟相比，兔子行动敏捷是出了名的。怎样才能让人们
比平时走得更快呢？一个具有重大影响力并且很难复制的研究
发现，被灌输了"老年人"用语的实验参与者，在离开房间时
比其他实验参与者动作缓慢，这与对"老年人"的刻板印象相
符（Bargh，Chen和Burrows，1996）。

为将这一实验转化到公司内部，他们虚构了为某航空公
司设计广告的情境，并召开了两次会议。在其中一次会议上，
他们语速很快，情绪激动地谈论着到英国马加里夫或西班牙特
纳里夫岛的短途旅行。在另外一次会议上，他们语速缓慢，谈
到了去往印度看望祖父母的长途旅行。关键之处在于，毫不知
情的同事们在听完这些虚构的"作战指示"后，会用多快的速
度回到自己的办公桌前。虽然这个实验的测量标准有些粗糙，
在大学讲堂里肯定站不住脚，但他们还是观察到，相比那些听
到缓慢、艰苦的长途旅行计划的同事，听到短途、快速、充满
活力的旅行计划的同事以更快的速度回到了自己的办公桌前。

像兔子一样蹦蹦跳跳

　　杰兹和罗里如何运用行为科学，让同事们像兔子一样蹦蹦跳跳呢？当时杰兹家里有很小的孩子，所以他从一档名叫《趣味歌曲工厂》的电视节目里，将一首名为《叫醒小兔子》的歌曲听了不止272次。在这首歌有点洗脑的歌词里，叙述者鼓励观众"看着小兔子睡觉"，直到所有孩子都睡着。之后紧跟着说一句充满活力的"起床，小兔子！"。在听到这句话后，每个孩子都要像兔子一样跳来跳去。孩子们似乎都会很开心地加入兔子跳中，丝毫不觉得害羞。但是杰兹和罗里怎样才能让已经成年的同事们在办公室里做出这样的行为呢？

　　作为社会团体的一分子，团体成员会遵循一套不言而喻的行为方式。这种现象叫作从众，阿什在1956年极好地对其进行了演示。杰兹假设，如果在一个房间内有足够多的人像兔子一样蹦蹦跳跳，其他人也将有样学样。另外，他们请到了公司首席执行官和集团规划总监帮忙。对于公司的权威人士，同事们更乐于对其进行模仿。接着，杰兹以参加工作坊培训的名义，从公司邀请参与人员，告诉他们将会学到一种方法，能让教室里筋疲力尽的学员们活跃起来。之后，他们在一个教室中布置了一个控制组，并发放了一张说明书，告诉他们先播放兔子视频，在其他人有所行动

--------------------------------- 术语解析
从众
在社会群体中，我们倾向于与大多数人的行为保持一致，参见"社会认同"。

之后再加入其中。不出所料，每个人都稳稳地坐在椅子上，嘴里嘀嘀咕咕地说："我们才不会那么做呢。"

那么，在另外一个房间的情况如何呢？杰兹在那儿主持会议，并且他的手里有两个高管做"傀儡"。

"所以，现在，"他说，"我们都需要躺在地板上，像兔子一样睡觉。"

每个人都顺从地照他说的做了。这些30～45岁的成年人，都躺在那儿像兔子一样睡觉。当歌曲播放到"起床啦！"的时候，他们都醒了过来，装成兔子的样子，在房间里像兔子一样跳来跳去。有3个人率先做出一个行为，就足以引导其他人做出一致的反应。那些职位较高的"傀儡"，有效提高了其他人参与其中的意愿。

像兔子一样交配

杰兹和罗里的第四个内部实验，也是最后一个内部实验，是能否改变同事们对于一个有关性行为的调查的答案。一项研究发现，性唤起对于很多领域的判断和决策过程有影响（Ariely和Loewenstein，2006），例如性取向和进行不安全性行为的意愿。虽然广告界以具有冒险精神著称，但他们也不可能在办公室里全盘复制这一实验。

某天的下午三点，控制组在一间温度很低的房间接受了调查，回答了诸如"你多久想做爱一次？""你有过多少个性伴侣?"之类的问题。另一组受访者在下午六点接受了同样的调查,不过他们在一间温暖的房间里,同时提供了啤酒和类似《狂热(Nuts)》《动物(Zoo)》的男性杂志。在这个房间内的受访者比控制组的受访者表现出了更强烈的性冲动,从某种意义上说,他们受到"助推",倾向于像兔子一样交配。

让实验生动起来

在广告公司内进行这些实验是有优势的,因为他们有能力把这些实验变成一个个令人叹服的故事。所有场景都被拍了下来,他们请创意团队利用这些镜头,创作了一个电影脚本。他们还灵机一动,将这部电影定位为20世纪70年代英国广播公司风格的行为科学节目。说话带有菲律宾口音的罗里,无疑是这个搞笑剧本讲述者的最佳人选。

"多汁萝卜"一吃完,魔法小精灵就出现在萝卜消失的地方。为了增加喜剧效果,航空公司"作战指示会"结束后,人们走回自己办公桌的镜头被快进了。不需要进一步编辑,每个像兔子一样蹦蹦跳跳的人看起来就足够愚蠢。匿名参与性取向调查的员工被拍摄成一组从左到右的监狱风格的镜头,除了身高有所区别,完全看不出谁是谁。

他们开展了这项研究,制作了一部电影,并最终做好了将行为科学实践计划告知公司其他部门的准备。公司大会在靠近伦敦南岸的老维克剧院举行。在按照惯例公布了公司业绩、奖励和晋升的最新情况后，大会分配给他们一个时段，来发布这项行为科学实践计划新的实践活动。为了增加趣味性，杰兹和策略群总监蕾切尔·哈顿穿着实验室里的白大褂登上了舞台，向大家介绍这部电影。

你问反响如何？人们不停地大笑，十分投入，并且想要了解更多信息。电影中的"演员"就在观众席中，所以他们也无法抵赖，他们的行为被改变了。这是一个很大的突破，能够帮助人们理解怎样与客户合作。大会结束之后，人们围住杰兹要求其加入团队，而在一周内他们就出了第一期简报。

你该怎么做：让行为科学生动起来的工具包

为了让行为科学更加实用和易于理解，你需要用一种看得见摸得着的方式展示其结果，而不仅仅停留在谈论奇闻轶事的层面上。当然，听人讲述行为科学研究人员的实验结果一般都是很有趣的，但是在商业世界里，这并不一定能转化成明确的建议。

话虽如此，但可以肯定的是，由于行为科学完全是关于人的，所以这项任务会稍微容易一些。一旦你找到一种使行为科学与人们相关的方式，其中的每个人就都能理解行为科学。

工具1　找一个本地化的证据

当你将行为科学融入人们的工作中时，人们将开始接受它。当你找到一种将一个行为学偏误和启示带到他们身边的方式时，也就到了人们开始理解行为科学广泛的应用领域和优点的时候了。为了实现这一点，你需要在组织内部开展一个小规模的实验或案例研究，来获得一个本地化的证明。自然地，你需要的证明类型取决于企业性质。

例如，你要开展一个让更多人进行垃圾回收的小型实验。你可以将两个分别标着"混合回收物"和"一般废物"的垃圾桶，重新标为"混合回收物"和"填埋物"。你也可以更进一步，将标了"填埋物"的垃圾桶的开口弄得稍小一点，让垃圾很难被放进去。开展为期两周的实验，之后比较进行微型干预前后进行垃圾回收的人数。

或者，你可以做一个邮件"助推"实验。一场自愿出席的活动即将举行，但是你希望让更多人到场。一般情况下，这种活动的出席率为60%，而你希望这次出席率能达到80%。你发送给大家的新邮件可以这样开头："越来越多的雇员出席了这些活动，他们都给出了良好的反馈。"你可以这样说："我们的市场总监埃莉诺说，她觉得在我们上次的活动中学到的新型社交媒体推广工具非常有价值。"你可以在结尾处告诉你的同事们不要错过了机会，因为会有一位很棒的客座演讲人出席活动。在邮件中，你可以再加上一个简便的一键式日历邀请。到了活动当天，你就可以坐在活动现场清点人数了。你会发现通过发送这封邮件，活动参与率上升了25%，而且没有额外支出。在下一次公司会议上，你可以向大家展示你的实验结果，同时将新旧两版活动通知邮件展示出来。

工具2 让你的证据生动起来

在像奥美公司这样的机构中开展工作，杰兹得到了极大的便利：能够利用世界一流的创意团队，并且团队具有将粗糙的行为科学实验转化成一个故事的技巧和能力，还有视觉效果、剧本创作和讲述人的支持。不过，如果你是在一个新兴的创客空间开展实验，就得多开动脑筋。确实，杰兹用隐藏的摄像头，拍下了一群成年人在会议室里学兔子跳的场景，但是任何人只要有一部苹果手机在手，就能拍摄视频，并利用iMovie[①]把这些视频剪辑在一起。也许这样的视频看起来不够完美，但同样可以体现出在你影响下的行为变化。至少，类似的简易视频能在文字记录的基础上，录下人们本需要去想象的场景。

工具3 尽量减少欺骗以免失去信任

开展这些实验有一个意想不到的副作用，那就是杰兹的同

---

① iMovie是一款视频剪辑软件。——编者注

事们很快开始不再相信他的真实目的了。这些实验是他加入公司的两个月内开展的，并且在实验中常常以秘密方式招募参与者。例如，他曾经给全公司同事发送过一封邮件，称他将利用工作坊提升同事们的技能。在"助推"同事们像兔子一样蹦蹦跳跳之后，他才透露了这次培训的真实目的。不久之后，人们对他的动机越来越谨慎，质疑他看似正当且真实的请求是不是又是一次"阴谋诡计"。因此，我们要在真正必需的时候，才使用不诚实的手段。

所以，如果你想将行为科学应用于企业，最好从哪里开始上手呢？试着做一些实验，在同事面前将你的理念变成现实。找一些证据来证明其有效性，用视频或图片让其生动起来，但一定要保持趣味性。如果你能让同事们参与实验，那么他们将很难否认这一事实：微小的"助推"会对人的行为产生意想不到的影响。

第二章

格林尼治区的婴儿
——伦敦

来源于偶然碰撞的
行为科学创新型应用

你是否曾经想过，科学的严谨性要求可能会阻碍行为科学的发展？该领域曾借助科学方法取得了进步，用严格的实验来检验假设，并用怀疑论来解释结果。为了发表论文，学术研究必须遵循科学方法的明确步骤，并经受无数轮同行评审。但这一程序限制了该领域的创造性。

杰兹和阿普丽尔都是训练有素的科学家。杰兹有化学和生物学背景，本来准备在大学里继续攻读生物化学，但之后他对行为科学产生了浓厚兴趣。阿普丽尔的本科和研究生阶段都在研究人类行为，在客观明确的科学世界里表现得游刃有余。他们都认同数字、数据和统计之美，但是如果行为科学始于科学也终于科学，是没有用处的。毕竟，如果研究结果不能应用于现实世界，那么在实验室里用精心设计的实验来测试假设又有什么意义呢？

因此，我们提倡世界上的每个人都去应用行为科学。通过将行为科学的深刻见解大众化，不同领域和各行各业的人都能够将这些见解带出实验室，引入真实世界。

行为科学与设计的碰撞

当行为科学的小世界与其他小世界发生碰撞时，结果是令人惊讶的。具有讽刺意味的是，每当人们谈起助推理论时，就像我们在上一章中所做的那样，常常从小便池里的苍蝇开始讲起。但史基浦机场的清洁部门并没有一丝不苟地坚持科学的方法，并且就其结果发表过科学论文。

相反，这个案例是两个世界碰撞的产物。这个创意来自乔斯·凡·贝达夫。他是史基浦机场清洁部门的管理员，之前曾经在军队供职（Evans-Pritchard，2013）。在军队期间，他曾见过带有靶子的小便池，并亲眼看见了其积极影响。多年之后，在新的岗位上，在一个全新的世界里，他发现自己面对着一个已经持续数年的小便溢出问题。在大脑里将过去和现在的两个点联系起来后，他建议在机场的小便池里尝试一下同样的方法。后来的事，正如人们所说的，已经记入历史了。

创新可以是任何两个世界碰撞的产物，但是当行为科学世界和设计世界相碰撞时，会发生神奇的事。当罗里（我们在第一章已经认识他了）成为广告界应用行为科学的先锋后，他引导了这一创意领域和人类行为科学研究领域的一次碰撞。在没有好的设计的情况下，不管一个创意有没有行为科学依据，广告创意人员都不会去执行它。因此，这次与视觉设计的碰撞将行为科学引入现实的效果，比以往任何专家做得都要好。

当原本互相独立的事物碰到一起时，创造性就会迸发出来。第一批标志性项目之一的"奥美新改变"就是这样做的。将行为科学和设计联系在一起，这是一个集合了科学的深刻见解和美丽的创意执行的创新理念。

应用创意方案减少犯罪

2011年夏天，杰兹带着年幼的孩子们在塞浦路斯度假时，接到了一个朋友从曼彻斯特打来的电话。朋友在电话里疯狂地问他情况好不好。

"你是什么意思？"杰兹反问道，此时他已经从假日的与世隔绝中惊醒了。

"你没看到伦敦发生了什么吗？"朋友问道。

打开电视，他很快了解到了家乡发生的骚乱。人们在大街上砸碎橱窗，抢劫香烟、酒、电视和运动鞋等一切可以抢到的东西。杰兹有位保镖朋友，后来他告诉杰兹，为了保住自己最值钱的财产，他手里拿着一根铁棍在车里睡了一周。对于人类的行为来说，这是一个特殊时期。

现象解读

尽管很奇怪，但行为科学可以帮助解释正在发生的事。已经得到证实的结论是，人类发生攻击性行为的概率会随着温度上升而增加（Bushman，Wang和Anderson，2005）。睾酮水平在温暖的月份比寒冷的月份更高（Demir，Uslu和 Arslan，2016），而高睾酮水平与攻击性正向相关（Dabbs，Hargrove和Heusel，1996）。另外，温暖的天气意味着人们更愿意在户外聚集，而更长的白昼可以提供更多的犯罪机会。一旦骚乱开始，破窗理论认为微小的破坏迹象会加剧更加严重的违法行为（Wilson和Kelling，1982），这意味着破坏他人财物和劫掠行为一旦开始，局势就会不断加剧恶化。

.... 术语解析
破窗理论
以小的违法行为作为示例，
会鼓励更加严重的违法行为。

以商店百叶窗作画布

在英国伦敦某处，奥美广告公司的一位员工有了一个与此完全不相干的想法。塔拉·奥斯丁是一个热情而聪慧的规划师，也是一个充满韧性，能把一个概念发挥到极致的人。她在想为什么商店的百叶窗不能被用作广告媒介呢？她暗自认为，百叶窗将会是理想的快速消费品广告媒介，而这正是这些商店中售卖的商品。

恰好，"奥美新改变"有一位名叫丹·班尼特的实习生，他受雇之后有两项任务，一是从事行为科学研究，二是在奥美实验室（一个创意团队）工作。丹是一个热情、活跃、精力充沛的团队成员，他经常坐在塔拉的办公室里与她激动地讨论行为科学。就个性而言，在创意团体中工作的人对于外界影响更倾向于保持好奇和开放的心态，所以丹关于行为科学的言论激发了塔拉的想象力：假如商店的百叶窗可以作为商业广告载体，那把它们投入社会目的效果是什么呢？

应用行为科学的创意方案

塔拉和丹一起思考如何利用科学知识造福社会。研究发现，婴儿圆脸大眼的容貌能够刺激人的大脑产生同情心（Glocker等，2009）。因为人类特别强大的大脑需要一个很长的发育期，在婴儿时期人类是无法保护自己的，所以在进化过程中，我们的祖先受到婴儿面孔刺激，会对其产生同情心。

如果将这种产生同情心的反应用在减少反社会行为方面，效果如何呢？与其在街道上部署更多的警察来减少骚乱后残余的反社会行为发生次数，为什么不试试一些违反直觉的做法呢？于是一个"格林尼治区婴儿"的创意被构思出来：在一个受到英国伦敦2011年骚乱影响的商店百叶窗上喷绘婴儿面孔，来减少反社会行为。

2012年夏天，这个创意得以落实。前一年，英国伦敦格林尼治区受到了骚乱的严重影响。特别是位于伍尔维奇的格林恩德的商店遭到了抢劫者的严重破坏。格林尼治地方议会曾经收到过这个创意方案，但他们对合作不感兴趣。奥美实验室的领导妮科尔·伊珊提出了另外一个方案，与店主们直接接洽。在将格林恩德的商店全都走访一遍之后，他们赢得了店主们的支持。这些店主除好奇之外，也十分兴奋地想要知道他们在这一创意上下的赌注，能否为他们的社区带来改变。

画布已经就位，但婴儿的脸还没有着落。灵光一闪，丹建议利用脸书（Facebook）招募本地的孩子。总体来说，与模糊或通用的社会规范相比，近源和明确的社会规范对人的行为有更强大的影响力。因此，按照这一逻辑，喷绘本地婴儿的面孔可能会比随意选择婴儿面孔对当地人的行为产生更强大的影响力。

.... 术语解析
社会规范
关于社会行为的潜在规则。

以这些本地孩子的面孔为蓝本，4位街头壁画艺术家开始在格林恩德的商店百叶窗上创作喷绘肖像画。第二天上午，已经有5张肖像画被创作出来，当地人的积极反应也被摄像机记录了下来。人们的这些反应，配上塔拉对这一项目的讲解，被制作成了一部短片。短片引起了英国广播公司的注意，他们在不久之后采访了塔拉和妮科尔。这一活动由此开始在全球范围内引起关注，并在3个大洲的12个国家得到开展。

反社会行为和犯罪减少

"格林尼治区的婴儿"是一次将行为科学应用于社会的具

有创新性的探索，之前从未有过类似的实验设计。尽管没有需要验证的假设，测量其影响力仍然非常重要。除了拍摄当地人的反应，他们还追踪了该举措对反社会行为的纵向影响。该活动开展一年后，当地反社会行为的发生数量降低了24%，并在之后几年中进一步减少。该活动开展5年后（2016年）人们发现，与开展活动之前（2011年）相比，本地区报告的犯罪数量下降了47.4%，特别是报告的反社会犯罪数量降幅达65.2%。虽然很难将婴儿面孔对反社会犯罪产生的影响从总体结果中分离出来，但是同期当地（格林恩德路）犯罪数量的下降幅度，比附近广大地区（伍尔维奇河畔地区）的同一指标高23.3%，说明格林恩德路有一些独特之处，减少了反社会行为（见图2-1）。

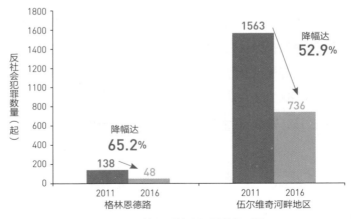

图2-1 两地区反社会犯罪数据对比

　　奥美公司这一团队希望能与世界分享他们的成功。正如我们在上一章中强调过的，关键在于使故事生动起来。奥美的执行创意总监爱玛·德拉福接下了这个任务，通过一部充满感情的电影，围绕这个想法建立了一个强有力的叙事。在此基础上，《格林尼治区的婴儿》(*Babies of the Borough*) 获得了2013年戛纳国际广告节金狮奖，证明了其成功。

　　尽管受到了赞誉，但如果不是所有人的执着和韧性，这个创意也就早已湮没了。塔拉将不同的知识点连接起来，构思了这一创意，并推动了这一创意的执行。杰兹以"奥美新改变"的名义赞助了这个项目，从行为科学实践的角度提供了公信力。丹负责筹划和实施这个项目，而爱玛精心制作了一个故事片并获了奖。与其他无数人一起，这个团队集合了激情、能量和韧性，打破了常常横亘在创意与实施之间的障碍。

　　现在，"格林尼治区的婴儿"这一案例，已经在助推理论的发展史上得到了高度认可。其被选入大学行为科学教材中，在各种演讲中作为行为科学的应用范例被采用，还有很多人宣称这是他们的创意。但如果没有两个世界之间的碰撞、两种截然不同的思想和许多具有开放思想的头脑，这一切都不会发生。

你该怎么做：鼓励偶然碰撞产生的工具包

在第一章中，我们考虑的是怎样在组织内部启动行为改变的变革，以及如何将这一理念传导给同事。在本章中，我们考虑的是你怎样能够更好地组建一个鼓励创新的团队。该选择什么样的人纳入你的团队，帮助你的行为科学应用工作繁荣发展呢？正如"格林尼治区的婴儿"案例所展示的，团队中包含对外界影响持开放态度的人、拥有各类技能和多元视野的人以及愿意冒险的人，这些元素都十分重要。

工具4 走出回音室

最优秀的创新型人才有一个共同特点：乐于接受外界影响。虽然他们一开始可能没有意识到这些输入信息的价值，只是将其在大脑中归档，但在日后会从中发现意想不到的联系。

阻碍这一发现过程的是新闻推送的算法，将我们限制在回音室里，只能接触到与我们自己观点一致的想法。为了解决这个问题，不能依赖基于算法的平台来获得灵感，而是去探索多种多样的兴趣爱好，主动去寻找你现有圈子之外的刺激源，对外部影响保持接受的态度。让你的大脑做归档和连接工作，不太可能发生的碰撞将会产生非凡的创意。在一个新环境里将两个不相干的主题放在一起，可能会催生出关于行为科学应用无法预料、但令人兴奋的想法。只有接受了方法的混乱之处，你才能引发类似应用行为科学这种领域的发展转变。

工具5 和与你不同的人合作

同样，不同技能组合之间的碰撞也可能引起偶然的发现。如果不是集合了参与其中的所有人的能量、韧性、热情、认知、研究和艺术技巧，"格林尼治区的婴儿"项目可能不会开花结果。绝妙的创意从来不是来自某一个人，而且没有执行力的创意什么都不是。

在商业领域成功应用行为科学，需要利用不同领域的人产生各种各样的创意。如果你想把行为科学的深刻见解应用到现实世界中，你需要去探索，从企业内外的所有人身上去获得灵感，而不是把自己关在象牙塔里咀嚼行为科学期刊。

因此，建立一个具有多种技能的团队，并在其中工作。也许你曾经大部分时间身处某个单一技能的团队，比如销售部门。日复一日，你花费时间和与你背景、技巧和能力相似的人进行思想碰撞。与此相反，在一个多学科的团队中工作，虽然会遇到更多困难，但无疑这会产生更多具有创造性的想法。这一事实不仅适用于在商业领域行为科学的应用，在学术界进行行为科学研究时同样适用。

工具6   虽有风险，但要尝试疯狂的想法

当企业预算吃紧时，最先砍掉的是分配给创新的资源份额，这是令人沮丧的。采取这种措施会损害企业的长期价值，因为牺牲创新将阻碍企业总体的进步。如果立志完成一次成功的转变，必须给尝试新事物分配资源。

将70%的预算用在安全的东西就已经足够了，20%的预算用来尝试新的东西，但要努力保证这最后的10%预算被用在尝试有风险的创新性行为科学创意上。这样做的风险可能很高，但首先使用这种创新方法会让你的企业具有先发优势，有时候会带来最好的回报。

"格林尼治区的婴儿"案例后续

奥美团队是值得夸赞的，因为他们并没有满足于既得的荣誉。可爱的力量以壁画的形式被应用到了其他国家和地区。奥美公司的合伙人萨姆·塔特姆目前正在领导着一个项目，研究高清婴儿面部照片是否会比街头壁画艺术家的粗糙作品有更强的影响力。现在有两幅这样的百叶窗已经安装完毕，但还没有结果能够表明，在应用婴儿面部照片时，数码照片和漫画艺术家的作品哪一个效果更好。

第三章

以"反扒窃"来
保护辖区居民
——英格兰

让行为科学创意结出果实

2007年8月9日，法国巴黎银行冻结了价值22亿美元的资金。通过这一行动，他们成为第一家承认美国次贷抵押贷款风险的银行。很多人将银行此举认为是金融危机的第一个指征。自此之后，企业决策方式发生了彻底的改变，围绕企业决策的政府管制明显收紧了。与此同时，商业论证也越来越多——现在每一分投资的合理性都需要得到证明。

这通常是件好事，但当涉及支持创新性的想法时就会出现问题。为未经验证的创意背书，需要有涉险的信心，因为这些创意一定会存在给企业带来财务和声誉损失的风险。不可否认，这些尝试中有些会失败，但是有一种方法能识别出哪些创意更有可能成功。

这就是行为科学可以助你一臂之力的原因。如果运用得当，行为科学不仅可以帮助你充满信心地预测一个创意能否生效，甚至可以解释其运作的机制。另外，将一个创意在现实环境中大规模铺开前，可以运用行为科学的实验方法对创意原型进行测试。通过这种测试方式，行为科学能够赋予一个创意更大的可信度，为其在商业环境中的有效性提供证明。

快速测试使进步更快

英国伦敦商学院的朱尔斯·戈达德博士说："通常，企业只停留在想的阶段。"他们空洞地讨论、努力地思考，但是却做得很少。朱尔斯·戈达德博士鼓励企业应该"先做再想"。通过试验一个创意并很快发现问题，这样做能够深化你的思考，从而改进这个创意。借助先行动后思考的方式，企业的创新和进步都会更快。

这种方法与专家所青睐的方法截然不同。学术实验的目的是通过严格控制参数和可能的干扰因素，以经验证明假设。然而对企业来说，需要快速构建一个全真模型，并通过模型确认一个创意是否有效，从而赋予利害关系人"纵身一跃"的信心。这正是英国埃文河与萨默塞特郡的警方，在第一次听到奥美公司准备用"反扒窃"的方法来保护辖区居民的疯狂创意时，愿意做出一次勇敢尝试的原因。

标识反直觉的意外效果

任何一个调查、研究行为科学或在该领域工作的人都会告诉你，行为取决于环境。在某种环境中造成一种行为减少的干预措施，在另外一种环境中可能会有相反的效果。在对某一环境中的人的行为进行预测时，即使有数十年研究经验的资深专家也会犯错，所以对干预措施进行环境测试十分重要。初衷再好的干预措施，也可能产生意料之外的行为后果。传统的防范扒窃行为的努力，就产生了这种自相矛盾的效果。

在城镇中，你几乎总能看到写着"小偷出没，敬请留意"的海报。尽管其目的是提高大家对犯罪行为的警惕意识，但这些标识反直觉的效果是让扒手们的生活更加惬意了。

这听起来可能有些疯狂，但不妨思考一下这种情形。如果你穿着夹克和裤子，衣服一般有5个口袋。当你沿着一条熙熙攘攘的城市街道行走时，看到一个"小心扒手"的标识，就会下意识地去检查身上的贵重物品。假如你习惯于将手机和钱包放在上衣的右边口袋里，你会拍一拍这个口袋，以确认财物是否还在。放心之后，你继续往前走，但是你不知道的是，一个大胆的扒手一直在观察着你。本来你衣服上的5个口袋都可能是他的目标，现在他却已经知道从哪儿去搜寻他的"货物"了。以这种方式警告人们小心扒手的标识实际上让小偷能够更加轻松地谋生了。

"反扒窃"的创意及操作方法

对减少扒窃行为传统措施存在缺陷的行为科学原理分析似乎是一个合理的解释,但到2013年,这种缺陷就不复存在了。当时,专门的市场开发指导部门奥美一部,有了一个更好的减少扒窃犯罪的办法。正如他们所知,在英国的英格兰和威尔士,犯盗窃罪的人数从2010年到2012年增加了18%(英格兰和威尔士犯罪调查)。这一增长归咎于智能手机的逐渐流行。

为减少盗窃犯罪,为什么不做与扒窃相反的事儿呢?可以通过把一些东西在不知不觉中放进人们的口袋,来强调财物被偷有多么容易。发现自己口袋里有新东西时的震惊,将让人们认识到从他们身上偷点儿什么是多么轻松的事,也让他们体验一下,在毫无察觉的情况下被偷的滋味。

这个创意的提出者是两位创意人员,分别叫莱拉和保罗。这个创意方案在交到执行创意主管爱玛·德拉福和查理·威尔森手里后,他们对这个创意及其实践操作方法进行了完善。

实践操作的困难之处在于,尽管已经构思出了这一绝妙的创意,但将其推荐给客户时,无论是莱拉、保罗,还是爱玛和查理,都不能提供与之相关的基本原理、正当理由和可信性报告。为得到这一问题的解决办法,"犯罪终结者"是一个完美的候选人。"犯罪终结者"是英国一家独立的犯罪活动慈善组织，但他们不大可能盲目地相信一个从来没有经过实践检验的违反直觉的创意。因此，奥美一部找到杰兹开展行为科学实验。有行为科学基本原理来支持这一创意吗？并且，更关键的是，这个创意在现实生活中有效吗？为了确认这一点，首先，"奥美新改变"团队仔细分析了"往口袋里放东西"这一"反扒窃"创意，并从行为科学的角度来证明其合理性。然后，他们开展了一项实验在现实世界中对这一创意进行测试。

从行为科学角度证明创意的合理性

从理论上讲，行为科学的概念表明该干预手段是有效的。一般而言，我们很难准确预测自己未来的行为，因为我们会低估我们的感受和冲动对决策过程的影响。此时此刻，如果我们处在冷静状态下，对于未来激情状态下的行为将会做出错误的预测。在两种情绪状态下的行为很少是一致的，这种现象被称为共情鸿沟（Loewenstein，2005）。口袋里被放进东西后，发现新物品的震惊将把人们推入与被偷盗之后一样的激情状态。处在这种情感状态下被告知扒窃的风险，将会比在冷静状态下阅读海报上同样的信息更有效果。

--------------------------------- 术语解析

共情鸿沟
我们低估了情感和欲望对自己的未来决策和他人决策的影响力。

在现实世界中对"反扒窃"仿真模型进行测试

现在，这一创意已经有了行为科学原理支撑，但它还需要在现实世界中进行试用。当时刚好正值奥美公司一年一度的行为科学盛会"年度助推大会"开幕式期间，这个热闹的活动，为在一个相对可控的环境中进行"反扒窃"仿真模型测试提供了完美的场所。

测试团队招募了手法娴熟的前扒手和魔术师，只有他们才有能力执行"口袋里放东西"的任务。他们被安插在观众中间，任务是将强调"扒窃危险"的小传单塞进众人的口袋、外套和手袋里。对准目标人物，一组热心的实习生会在现场拍下他们的反应，并向他们解释为什么他们会被在"口袋里放东西"。

尽管理论上看起来这是一个非常简单的创意，但即使是干预措施的仿真模型，也有很多的组成部分：无数的代表在四处走动，无法操控的前扒手和魔术师，以及拍摄团队都需要管理。不过，用这种方式试验这一创意，是解决这一问题的唯一方法。做了再想，而不是只想不做，最终赋予了这个创意可信性。

仿真模型显示，用摄像机捕捉扒手的手上动作十分困难。实际上，"口袋里放东西"的最佳技术是快速轻拍一下人们的口袋或手袋，这在摄像机拍下的镜头里看起来非常不显眼。另外，拍摄者发现很难快速找到合适的拍摄角度，也就很难抓拍到出手的瞬间。因此，这些"放东西的人"收到了放慢动作的指示。

解决了一开始与摄像有关的困难之后，有了能够展示这一创意在现实生活中见效的视频资料，奥美公司也有了和"犯罪终结者"接洽的信心和证据。因为他们不仅能够用行为科学原理解释这一创意提升反扒意识的机制，还开展了一项实验，来展示其怎样在实践中生效的。

"犯罪终结者"很喜欢这个视频，并拨出预算，在公共场所复刻了这一干预措施。在英国布里斯托尔一个市场闲逛的民众，发现口袋里被塞进了象征平板电脑、智能手机和钱包的传单。传单引导这些民众登录一个网站，在这个网站上他们可以学到更多反扒知识，以及此次活动采用的方法。统计显示，在发出的传单中，每100人中就有93人访问了网站。媒体转载了一部关于英国布里斯托尔反扒干预事件的电影，为"犯罪终结者"带来了价值750万美元的免费公关报道。该项活动得到了广泛认可，获得了"创意之环"金奖[①]和"直销协会"黄金大奖[②]。一些地区的警方，比如英国肯特郡和伦敦斯特拉特福与伊斯灵顿自治区，也在当地复制并开展这一活动。

---

① 原文为Gold Creative Circle award。——编者注

② 原文为Gold Direct Marketing Association award。——编者注

你该怎么做：
让行为科学创意开花结果的工具包

提出在企业中应用行为科学的创意是一回事，但让这些创意落地是另外一回事。在杰兹的团队对其用行为科学进行合理阐释，从而帮助奥美一部说服了"犯罪终结者"为其赞助之前，"口袋里放东西"这个创意已经被构思出来很久了。可能好的创意出现时，恰当的执行时间尚未到来，那么就把其存放在底层抽屉里，以期将来实施。用行为科学解释你的创意生效的原因，能给内部支持者以进行尝试的信心。而为了让外部赞助商相信你的创意将会生效，你需要先获得一些证据，来证明其能获得成功。

工具7 将你的创意和灵感储存起来

在将其投入行动很久之前，莱拉和保罗就已经有了"口袋里放东西"的创意，但当时时机还不成熟。但因为他们有一个创意资源库，所以他们能够适时提取并"复活"了它。在过去，人们会将从报纸或杂志上获得的零散创意存放在办公桌的底层抽屉里。杰兹在职业生涯早期，早晨到公司上班的时候经常会发现一则从杂志上撕下来的广告，上面贴着一个便利贴，他的媒体总监写了一句话："了解更多这方面的信息。"

你可以准备一个创意专用笔记本或文件夹，用来累积你看到或听到的有趣的东西。曾经我们只能拥有一个实体的创意资源库，比如一个抽屉、一个鞋盒或一个布告栏，但现在我们可以创立数字版本了。你可以在品趣志（Pinterest）上发布图片，在Slack[1]上与团队分享一些内容，或在印象笔记（Evernote）上收藏小片段。这些创意资源库存放的位置越显眼越好。不要把这些灵感的来源锁在一边，要把它们放在你的眼前，经常提醒自己把这些创意变成现实。

工具8 证明之前先简化

为了确认你的创意起效的行为科学机制，你必须利用一个简单的行为科学模型，将其解构成为基本的行为科学关系。对于许多行为科学挑战来说，这一步只需简单地考虑个体、社会和环境因素。首先，确认可能存在的刺激不良行为及阻碍积极行为的思想捷径和心理偏见。其次，观察其他人在怎样影响着目标行为。最后，考虑一下本地或更广泛的环境是否对行为有影响，比如气候、在本案例中提醒扒手出没的警示牌。

完成这一步之后，你就可以用更高层次的认知来验证这一创意。在"反扒窃"的案例中，其简单行为是路人拍了自己的口袋。因为这是为减少扒窃而设计的警示标识无意产生的行为

---

① Slack是一款为企业提供服务的软件，目的是让办公更容易。——编者注

后果，这就解释了为什么目前的干预措施是不恰当的，并解释了其为何会导致更多的扒窃行为。"口袋里放东西"的创意与此相反，在减少扒窃犯罪方面，具有强有力的行为科学原理支撑。通过将人们置身于财物被偷后相同的激情状态，使之更乐于接受关于扒窃风险的警告信息。

工具9 在牵涉外部利害关系人之前，先开展实验

在第一章中，我们谈到了将行为科学引入生活，以及将其功效展示给内部利害关系人时进行实验的重要性。在组织内部尝试一个新的创意，最坏的结果不过是有声望受损的风险，如果尝试失败了，对你或你所在企业的打击肯定不会是灾难性的。然而，如果你想向一位外部赞助商推销一个创意，必须能够展示你的创意是可信。失败造成的损失可能是更大的，比如整个行业声誉受损及相应的经济损失。

因此，如果你需要为外部利害关系人做一个项目，首先对创意进行试验是非常必要的。创建一个仿真模型将教会你如何在现实生活中实施这个创意，从而确保你有可信度和能力实现这个创意。之后你可以进一步改进和强化创意，进而能够自信地向外部利害关系人介绍，该创意会以怎样的方式达到他们想要的效果。

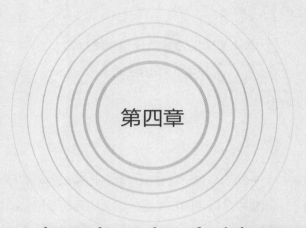

第四章

提升手机卡销量
——南非

以外国文化为背景开展应用行为
科学工作坊活动

奥美公司于2014年就已经在向世界各地输出他们的行为科学业务了。除集中在捷克的布拉格、澳大利亚的悉尼和新加坡等地的客户外，南非也有客户表达了对他们的兴趣。在这里，杰兹和丹要为非洲最大的单一品牌零售商PEP解决一个直截了当的问题：PEP希望客户能够购买更多的手机卡。

作为行为科学家，杰兹和丹需要了解自己工作的环境，所以他们将最初的两天献给了沉浸式的文化体验。考虑到两个人对当地文化都不熟悉，嗅一嗅味道、听一听噪声、观察一下本地人的行为，非常重要。

最先让杰兹感到震惊的是大街上数量众多的崭新的大众汽车。大众汽车确实在南非有个大型工厂，但几乎每个人都开着新车这件事还是会让人吃惊。看到这一场景，杰兹开始还有点妒忌，直到接待方向他说明了原因。他们解释说："如果能做到的话，谁都不想在约翰内斯堡发生车祸。"[1]

---

[1] 此句指这个城市车祸率高，所以当地人常开新车，是一种幽默的表达方式。——编者注

　　除了短暂的文化体验，杰兹和丹需要将各种各样的利害关系人集合在一起，以保证他们有恰当的技能组合和深厚的文化知识来解决这一问题。正如我们在第二章中讲过的，来自不同背景的人之间的思想碰撞是产生创新和创造性解决方案的关键。吸收了机构内的创意人员、战略专家、客户管理和零售人员之后，杰兹和丹的团队工作坊为PEP设计一个行为解决方案的任务。

　　身处应用行为科学这一行业，你将会面对很多阻挠。"愚蠢""这行不通"或"我们之前试过了"都是常常会听到的话。或者是"需要筹备的东西太多了""风险太高了""我们有更要紧的事"。每个组织都要面对这些问题，所以在一个工作坊里，让你的利害关系人对行为科学兴奋起来、教会他们基本原理、共同合作解决问题是十分必要的。

　　正如在第一章和第二章中详细讲过的，建立一个多样性的团队，让行为科学在他们面前生动起来。为了获得帮助PEP应用行为科学的途径，必须先得深刻认识南非当地的文化。通过这种方式把一组人的思想统一起来非常重要。

利用行为科学提升手机卡销量

　　虽然在英国没人听说过这个企业，但PEP的零售店遍布南非。PEP是那种"包罗万象"的零售店，类似于英国的乐购或美国的沃尔玛。从儿童人字拖到尿布、从防晒霜到消毒剂，店里什么商品都卖，你在生活中或家庭里可能需要的任何东西都能在PEP找到。这种地方，早晨时商品都是漂亮整齐地码放在货架上，而到了一天结束时，经过顾客挑挑拣拣，店里会混乱得如同爆炸现场。

PEP有一项业务是售卖手机卡。在南非，因为使用手机通信的普及率远超宽带和无线局域网（WiFi）通信使用率，所以手机成为最为主流的通信方式。在英国，我们可能会买一张手机卡，然后使用数年。而在南非，为了从各个品牌的协议中获得好处，人们倾向于拥有多张手机卡。例如，一张手机卡可能在下午6点到8点之间提供免费的本地通话，而另外一张卡可能会在晚8点后提供更便宜的网络通话。在每次手机卡充值时，售出手机卡的零售店都会获得一笔佣金。这笔收入看似来得非常容易，那么PEP如何利用行为科学来鼓励他们的顾客购买更多张手机卡呢？

利用行为科学解决问题的工作坊

在约翰内斯堡进行了为期两天的沉浸式文化体验之后，杰兹和丹动身前往开普敦。在这里，他们将先开展一些分组座谈会，然后再将25名利害关系人集合到办公场所之外的某处来解决这个问题。

当天早晨，他们首先简单介绍了一下什么是行为科学，分享了一些实际应用案例，并对一些主要原理进行了介绍。

在所有人达成共识之后，他们需要对希望去改变的行为有一个清晰的定义。如果不是一次只购买一张电话卡，怎样能够推动客户一次购买3张呢？这似乎是一个简单的行为变化，但是怎样着手去做这件事情呢？

MINDSPACE[①]框架

为处理这一问题，他们需要一个易于理解并且能够产生大量创意的框架，但该框架也不能让团队中的行为科学新手望而生畏。MINDSPACE框架的开发目的，是为了便利行为科学原理在公共政策领域的应用（Dolan，Hallsworth，Halpern，King，Metcalfe和Vlaev，2012）。其是9种行为科学原理的助记符：信使效应、激励、社会规范、默认、突出、启动效应、情感、承诺偏误和自我。2010年，杰兹和保罗·多兰一起开发过一个快速头脑风暴流程。这次，他们使用这个流程，依次借助每个原则来产生鼓励PEP的顾客选择一次性购买3张手机卡的创意。

信使效应

在评价一则信息时，我们会受到信息传递者（信使）的显

---

① MINDSPACE为思维空间。——编者注

著影响。那么，谁或者说什么媒介，是鼓励顾客一次性购买3张手机卡的最佳信使呢？例如，他可以是PEP工作人员，也可以是顾客的朋友。在这一点上，细节越丰富越好。谁的影响力更大呢？一个精通移动电话的朋友，还是那些对移动技术一窍不通的人呢？那些经常使用手机的人，还是手机用得很少的人呢？在利用MINDSPACE中的信使原理开展工作时，因为需要想象出更加鲜活有趣的创意，杰兹引导利害关系人以这种结构化和细节化的方式提供自己的见解。可能的信使被列在便利贴上，然后便利贴被一一钉在墙上。

激励

激励原理先被跳过，留到流程的最后。因为人们倾向于理性地思考激励措施，会自动想到金钱或奖品激励。而根据杰兹的经验，这可能会导致头脑风暴出现阻塞点。

术语解析

激励
用以激发、引导、保持和规范组织及其个人的行为。

社会规范

我们倾向于按照周围人的行为行事，遵循社会群体的规范。我们该创建什么样的规范来鼓励PEP的顾客一次性购置3张手机卡呢？例如，可以将最受欢迎的手机卡同时展示出来，或者对他们说："我们的大多数顾客都会一次性买3张手机卡！"

默认

我们更愿意保持默认的选项，顺其自然，因为这样做需要较少的认知努力。如何增加手机卡的默认数量呢？可以改变包装中预设的手机卡数量，或给每部手机捆绑销售一组手机卡。

突出

我们会把注意力更多地放在那些突出的和吸引我们目光的事物上。如何让手机卡在商店里变得更突出呢？方法可能包括将手机卡放到商店更靠前面的地方，或者增大广告标识。

启动效应

我们的决定会在潜意识中受到环境提示的影响。怎样能让PEP的顾客考虑一次性购买3张手机卡呢？也许可以让数字"3"总是出现在标识上，让员工们在谈话中总是提到数字"3"，或者可以规划一些"买3免1"的交易协议。

术语解析

启动效应
我们的决策在潜意识中会受到环境因素的影响。

情感

我们的情绪，在行为科学中被称为情感状态，可以对我们的行为产生深远的影响。如何利用情感来刺激人们一次性购买3张手机卡呢？也许每次有人一次性购买3张手机卡时，商店里可以吹响庆祝的号角，或者可以用笑脸图片来激发人们对一次选择多张手机卡的积极反应。

承诺偏误

我们更愿意以与之前承诺一致的方式行事。怎样利用承诺来刺激顾客一次性购买3张手机卡呢？例如，PEP的员工可以问顾客一个简单的问题，如"您知道怎样购买手机卡更划算吗？""您想要一张以上的手机卡吗？"顾客在对其中任何一个问题回答了"是"之后，再被问到"您今天要买3张手机卡吗？"时，更有可能给出肯定的回答。

自我

我们的自我意味着我们喜欢以让自己感觉良好的方式行事。又称为自负/优越感偏误。怎样利用自我去影响人们一次性购买3张手机卡呢？也许PEP可以在广告中展示出在完美生活状态中的人选择一次购买多张手机卡，或者在商店的促销规划中展示这种形象。

最后，回到激励

最后，头脑风暴又回到了MINDSPACE中"I"的部分：激励。当人们听到这个词时，往往会直接想到经济激励。虽然激励可以是经济上的，但在这里被更广义地定义为某一特定行为的收益或成本。因此，这里的激励可以是一个认知捷径，比如设计一个快速的经验法则，来指示顾客需要几张手机卡。

正如前面所提到的，人们经常被卡在激励这个环节，并最终导致工作坊解散。因此，最好是从信使开始，然后直接跳到规范，最后再回到激励上来。

识别最优创意

在规模较小的团队中，通过这个框架可以在50分钟内产生45个创意。这是行为科学的美妙之处——在简要地教给人们基本原则之后，你可以给他们一个简单的框架，使他们能够在短时间内产生一系列创意。然而，识别出最好的创意也是一个挑战，有很多问题要解决：例如，哪些创意有争议，哪些创意激发了大量活力，哪些创意可以合起来揉进一项干预措施？

其中一个创意是利用稀缺性原则来让人们感觉到手机卡更有价值，比如在交款处的地毯、传单和海报上印上诸如"库存有限，赶快行动！仅在PEP有售"等信息。另一个创意则是利用社会规范来影响顾客，比如在广告上说"你知道吗？1000万人拥有PEP的手机卡"。另一个创意是让手机卡更加引人注目，利用垃圾桶、收款处的地毯和悬挂的横幅，截获顾客们有限的注意力。

虽然为PEP提出的众多创意中很多都相当令人信服，但其中一个创意因其极端简洁脱颖而出：为什么不把3张隶属不同网络的电话卡包装在一起，让客户一下买走3张呢？与其一张一张单独销售，完全可以将3张卡塑封在一起。事后看来，和很多绝妙的创意一样，这一改变默认选项的措施似乎是平平无奇的。通过将默认选项变更为捆绑在一起的手机卡，顾客更有可能一次性购买3张，只买3张，并且3张都用。另外，这种变换包装不花PEP一分钱，因为这些手机卡都是由网络供应商免费递送的。

工作坊里全都是头脑聪明、技能娴熟、经验丰富的人，但他们设计出的解决办法简单得令人感到困惑。尽管看起来像是个简单的答案，但之前从没有人想到过。行为科学就是有这样的本领，产生的创意看起来似乎只是寻常，但却绝不普通。不要羞于提出这样极微小的想法，因为看似无关紧要的创意，可能会产生地震波一样的结果。

使手机卡销量上升16%的简单变化

这个创意需要一个比"手机卡捆绑装"更加吸引人的名字，所以他们给这个产品起了个名字。"瑞嘉手机卡省钱包"（Ringa Saver SIM PACK）将来自不同网络供应商的3张手机卡打包成一个启动包，以帮助PEP的顾客充分利用每家网络供应商提供的福利。

2015年，PEP在一个月中将"瑞嘉手机卡省钱包"放入了34家门店。经过与6家控制组门店同一时间段内的销量对比，放入了捆绑装的门店手机卡销量提升了16%，从统计上看效果非常显著，具体见图4-1。

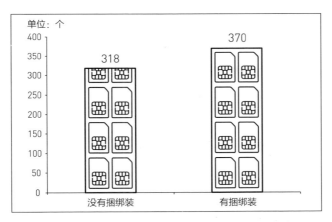

图4-1　2016年4月手机卡周均销量

你该怎么做：开展一个工作坊来解决行为问题

　　根据行为科学的原理可以帮助你成功开展一个工作坊。受到序列位置效应的影响，工作坊活动的开头和结尾至关重要，因为我们发现在开头和结尾发生的事，最容易被回忆起来。在工作坊举办的日子，给人们提供一个日程也是很有价值的，因为这样可以减少不确定性。

术语解析

序列位置效应
我们发现更容易记起一系列事件中开头和结尾发生的事，参见"首因效应"和"近因效应"。

工具10　首因效应：工作坊的正确开启方式

我们从研究中得知，一次体验的开头部分能够决定人们对它的总体印象（Asch，1946）。所谓的首因效应，使得工作坊的开启方式变得非常重要。

先要从为工作坊选择一个工作场所之外的场地开始。只有人们离开了日常的工作场所，他们才能从日复一日的工作中解脱出来，并且不容易分心。

在开展工作坊的前一天，可以让大家提前做一些阅读，完成一个小任务，或者写下对一个话题的想法，为第二天做好准备。作为工作坊协调员，你应该在工作坊开启前提前准备一些好的创意。可以把它们放在你的底层抽屉里，当活动进行不畅的时候再拿出来。小组中的很多人之前可能从来没有见过面，所以你可以用一点"兴奋剂"让大家开始交流和互动，放松下来。可以很简单地要求人们向旁边的人介绍自己，告诉对方自己一些有趣的事儿，然后让他们在更大的群体中分享新朋友的趣闻。

工具11　模糊厌恶：让人们知道一天的安排

鉴于我们对模糊性的普遍厌恶，所以在工作坊开展时，先要概括介绍一下一天的活动流程，不要忘记告诉大家什么时候可以休息。关注大家的情绪，询问每个人对这一天的希望、恐惧和期待。这样做除了

能在房间里赋予你一种能量感，也会给你提供一个在会议结束时回归的基准点。

　　你可以将上午剩下的时间用来介绍行为科学，分享一些研究案例，并通过几个提前设计好的问题来测试每个人的心理谬误。这可以让每个人都对行为科学基本了解，并保证大家达成共识。

　　当到了产生创意的环节时，要求团队先通过一个框架（如MINDSPACE）开展工作，然后再拟定最令人振奋的创意，与更大的团队分享。使用一个有限定性的框架是减少不确定性的良好方式，而这种限制性反而给了人们更多的空间来让他们的创意更具创新性。

　　当有多个创意明显能产生更大的热情和能量时，可以用一个简单的"星型技术（STAR）"来对它们进行评估。导师可以画出4个、6个或8个坐标轴，中心为0，外缘为10。每个轴都代表一个对创意成功很重要的标准，比如成本、难度和兴奋度。根据这些标准对每个创意进行压力测试，你很快就能以一种可视化的表现形式，发现那些最强有力的创意。你还可以使用这个方法来识别一个创意的弱点，通过解决这些弱点来进一步改进这一创意。

工具12　近因效应：以一个积极的结论结束工作坊

工作坊的结尾将会给参与者留下长久的印象。根据所谓的近因效应我们发现结尾比中间更容易被记住，这意味着为工作坊设计一个好的结尾很重要（Murdock，1962）。

作为一个技巧娴熟的导师，为这一天做一个汇总是很重要的。搞创意是一件乱糟糟的事，所以你需要在包容这种混乱的同时，允许天马行空的思考。你可以把这一天想象成一个菱形，在开始的时候创意可以任意拓展，直到结束时再将其收缩回来。用房间的墙壁作为画布，你能确保这一天都遵循着同一个叙事弧，工作坊的每个阶段都以清单、便利贴和图表的形式展示出来。从一天开始时表达的希望、恐惧和期待开始，从你布置的作业中捕捉所有见解，并把所有产生的创意都记录下来。

最后，按照墙壁上的时间线来讲述一天的故事作为总结。感谢每个人的努力工作，总结取得的成绩。至关重要的是，要让每个人都认可最终的创意，并确定之后的工作步骤。以回顾大家在一天开始时的希望和恐惧作为结尾，通过观察人们的期望是否得到了满足，以及他们的恐惧是否得以克服，你可以给人们一种满意的闭合感。

第五章

通过测试扭转偏见
——巴黎与伦敦

用一个小测试说服行为科学摇头族，
以及在干预措施的基础上优化的方式

2000年之后的几年中，WPP（跨国广告集团）的前首席执行官每年都要组织10场重要会议。在这些隆重的会议上，他会将他的10个顶尖客户和他们的代理与广告界、媒体和公共关系领域的代表集于一堂。这些代理都有一次在会上谈一谈他们为客户所做的优秀案例的机会。这是一次扬名立万的机会。毫不夸张地说，一个代理在这一会议上的表现会对他的声誉造成巨大影响。

在某次会议上，10家顶尖客户中有一个是世界最大的食品和饮料制造商。奥美公司是该公司的创意代理，这意味着杰兹会出现在会议的发言阵容中。28人聚集在一个视野绝佳、能够俯瞰日内瓦湖的会场中，其中有WPP的首席执行官、各客户的全球市场经理和奥美的全球首席执行官。杰兹有一次机会来展示奥美行为科学业务所能提供的心理学创新。

除了利用他的演讲在个人层面上让行为科学在每个人面前鲜活起来，对于杰兹来说，展示行为科学在商业环境中的实际应用也很重要。用一个抽象的理论性案例，让人弄明白行为科学能怎样帮助他们的企业是很困难的。在第三章中，我们了解到了展示行为科学能如何应用于具体环境的重要性，比如减少街道上的扒窃行为。因此，为了让与会者感到行为科学与他们有重大关系，杰兹需要为客户的某个品牌特别制作一个视频。

P值篡改VS增长黑客

为了能向这些执行官展示行为科学的价值，把重大成果展现出来同样非常重要。在学术界，专门设计一个实验和分析方法，并且其唯一目的是产生一个在统计上显著的结果是一件可耻的事。所谓P值篡改，是指为了找到导致显著P值的模式，对数据进行不正确地分析。

与之形成对比的是在商业领域日益频现的"增长黑客"现象。简单来说，这是一个灵敏和动态的实验程序，来自企业的跨部门团队在此过程中探寻最有效的发展企业的方法。正如罗里·萨瑟兰所说，用经验证据来证明心理学原理并不是企业的首要任务（Rory Sutherland，2018）。相反，企业感兴趣的是商业成果，而严谨的科学方法并不是实现这些成果的必要条件。实验结果源于侥幸的概率低于1/20才能得到一个学者的认可，但1/10的侥幸

------------------------------ 术语解析

P值

你的统计分析的显著性水平。一个较小的P值，说明你的实验结果出自巧合的可能性小，所以一个小的P值意味着你可以信任得到的结果。

概率已经能让绝大多数商业界人士感到满意了。

因此，在商业环境中应用行为科学时，采用"增长黑客"的思维方式将会很有好处。在提出一个假设之后，要设计数种干预措施并实施，而为了实现商业成果，你可能必须在实施过程中扩大实验规模。

与其带着一个毫无价值的结果离开，不如务实一点，充分利用你所投入的资源，改变实验的性质。毕竟与学术拨款不同，商业融资是必须要有回报的。

亲身体验心理偏见至关重要

正如前面章节中提到过的，让人们承认行为科学的力量，第一步就是展现他们自己的心理偏见，让他们亲身感受自己大脑中的认知偏误。尽管参加这个会议的人很多都是私人企业的最高决策层，也毫无例外地可以采取这种方法。不过，在讨论会议议程时，杰兹被告知：在任何情况下，他都不得要求这些全球最高端的客户或组织的最高领导者参与一个特别设计用来让他们失败的测验，不能让他们有在其他27个人面前难堪的风险。

根据杰兹的经验，他知道没有了测验，演讲不会有什么效果。因为让所有人都参与其中是展示行为科学价值必不可少的环节，所以他做了一个大胆的决定，坚持了自己的立场。经过反复讨论之后，冒着危及职业生涯的风险，在一度被移出会议日程的情况下，杰兹最终还是被不情不愿地放行了。

一个揭示普遍的心理偏见的测验

大会仅仅给了杰兹10分钟时间。在演讲开始时，他用一个快速测验展示了3个行为科学原理，特意设计了利用我们在判断和决策过程中的系统化错误，来抓住人们的好奇心。

第一个问题是："一个球拍和一个球总价为1.10美元。球拍比球贵1美元。那么一个球的价格是多少？"虽然正确答案是5美分，但是因为该问题的表达方式，大部分人错误地回答为10美分（Kahneman，2011）。

在第二个问题中，杰兹要求每个人回答一句话中字母"f"出现的次数。这句话是：Finished files are the results of years of scientific studies combined with the experience of years。大部分人的答案是4次，而正确答案是6次。这一现象可以用词优效应来解释，即当向人们快速展示一个单词时，往往发现人们更容易猜中整个单词，而不是单个字母（Reicher，1969）。鉴于"of"的发音在大声说出的时候更像"ov"，这使得其中的"f"更难被辨别出来。

在第三个也是最后一个问题中，杰兹向人们展示了图5-1中的视觉幻觉，让大家猜A和B哪一个正方形颜色更浅。相对偏倚，指的是我们对事物做出的知觉判断与其周围环境相关，这也意味着大多数人的回答是B。正方形A看起来颜色更深，是因为A被浅色的正方形包围着；而B看起来浅一点，是因为B被深色的正方形包围着。另外，我们的大脑认为圆柱体投下了阴影。但事实是正方形A和正方形B的颜色深浅度是一样的。

图5-1　正方形A和正方形B哪一个颜色更浅？

在大家私下写下3个问题的答案后，杰兹问谁认为自己3道题都答对了。然后，他很高兴地注意到会场中级别最高的3位代表举起了手，认为自己的答案是正确的。在毫无察觉的情况下，他们都成了心理偏见的猎物——实际上他们每道题都答错了。杰兹瞥了一眼桌子对面的全球客户总监，他正用双手抱着头，他无疑在想杰兹马上要被解雇了。

不过，不出杰兹所料，亲身体验心理偏见是人们理解行为科学应用潜力的道路上至关重要的一环，所以值得冒险一试。在打下了基础之后，他就能够继续完成证明行为科学在商业环境中深具价值这一任务了。

为了做到这一点，他开展了一项实验，展示了行为科学可以怎样帮助一个著名的法国气泡水品牌提升销量。该品牌是参会的商品和饮料生产商旗下诸多品牌中的一个。这个实验的目的很简单，商业价值也很明显：如何在咖啡馆利用"助推"，让人们更多地饮用这一品牌的气泡水。

用行为科学提高气泡水销量

那是在2014年，丹和朱尔斯开始了一项实验，其目标是在英国伦敦和法国巴黎提高气泡水的销量。朱尔斯·霍奇斯是一位选择设计师[①]，也是当时新组建的行为科学实践团队的第3名成员。虽然在英国增加气泡水销量已经是一个挑战，但可以肯定地说，在法国难度更大。因为法国巴黎人已经很喜欢饮用这一品牌的法国气泡水了。但即便如此，在对即将进行干预的酒吧进行了审核之后，丹和朱尔斯已经明显看到了胜算。

在餐厅、酒吧和小酒馆里，普遍存在默认行为。桌子上的

---

① 原文为Choice Architect。——编者注

餐具被用于设定默认的菜品数量：一道前菜、一道主菜，或许还有一道甜点。将酒杯朝上放在餐桌上，则默认你会在吃饭时饮酒。当你告诉服务员你不打算喝酒时，他们可能会在拿走酒杯前对你嗤之以鼻，因为他们被激发了损失厌恶，迫使你明白自己偏离了社会规范——餐厅里大多数人都在喝酒。因此，第一次干预时，丹和朱尔斯在每个酒吧里创造了一个饮用该品牌气泡水的默认项。该品牌的瓶装气泡水和玻璃水杯成为默认的餐桌布置。

社会规范被用于影响顾客的饮品选择。在接待顾客时，侍者会问："您想喝点什么吗？一杯名牌气泡水或苏打水怎么样？"用这种方式提出建议，造成了一种每个人都在喝法国气泡水的印象，从而影响顾客遵从这种行为。

菜单也进行了调整，使这一气泡水品牌更加突出。菜单通常以食物开始，然后是酒单，最后是软饮料，水通常是不标品牌的。通常情况下，菜单上很难找到这种水，只能用气泡水或蒸馏水之类的词来形容。因此，通过打造一个包含4种不同服务建议的特殊菜单，突出了该气泡水品牌。考虑到我们更乐于顺应预先设置的选项，这种经过调整的选择结构，使得顾客从预定义的选项集中做出选择更加容易。

增长黑客思维：在过程中增加干预措施

　　然而，当在巴黎的酒吧里开始实施这些措施时，丹和朱尔斯遇到了一些问题，同时工作的截止日期也已经临近。在推出了他们的"助推"措施后，他们很快就发现其中一些干预措施没有作用。瓶装水被放在桌子上，使得饮用气泡水成为一个默认项，但在它们被要求拿走时会激起"损失厌恶"。而且不管怎样，实际上没有人想要一瓶温热的气泡水——人们更喜欢直接从冰箱里拿出来的凉的气泡水。作为替代方案，瓶装气泡水可以像香槟一样被装在冰桶里端上来。这样做除了给人一种更优质的体验之外，还能让水保持冰凉，并给人一种需要尽快将它喝下去的紧迫感。

　　饮品菜单造成了另一个障碍。他们原本以为分发饮品菜单是默认项，但结果发现，大多数人要么根据记忆选择饮品，要么从吧台后面的菜单中直接选择。因此，并不是所有人都能看到菜单中嵌入的"助推"措施。丹和朱尔斯不得不做出调整，并询问是否可能只在这一天将饮品菜单发到每位主顾的手里。为了获得他们所需的展现行为科学的干预效果，他们以这样的方式增加了这一干预措施。

　　丹和朱尔斯对结果进行了评估，并制作了一个案例研究视频，让实验结果展示更加生动。仅仅一天，这一行为干预措施就使该品牌气泡水在法国巴黎和英国伦敦的销量分别增长了116%和220%。统计分析显示，偶然出现这一结果的概率只有

1/30。这个案例研究被作为一个例子，向客户展示"助推"催生商业成果的能力是多么强劲，奥美公司的行为科学业务团队是他们代理名单中不可或缺的一部分。

你该怎么做：说服行为科学摇头族，利用"增长黑客"干预措施，以及启发型演讲技巧的工具包

工具13 从个体和专业两个角度体验行为科学

当涉及行为科学时，体验造就相信。无论是从个人的角度，还是事关你在组织中的角色，这种说法都是正确的。在相信之前，你需要明白这一事实：你很容易受到偏见的影响，你的客户或者员工也很容易受到偏见的影响。在本章杰兹的例子中，让高级管理人员参与测试至关重要。尽管他们可能会感到难堪，但这也使得他们不得不承认这些心理偏见会影响每个人。

通过创建一个研究案例，展示行为科学如何应用于客户的一个品牌并产生商业价值，从专业的角度为客户生动呈现助推理论也同样重要。将两个不同的行业进行比较，其说服力通常是不够的，这就是你需要找到一个本地证据的原因。

工具14　将迭代测试学习的方法应用于干预措施

测试学习的方法是在现实世界中实现积极行为改变的最佳方式，这在商业领域有时被称为"增长黑客"。虽然学术界可能不能接受P值篡改，但在应用行为科学领域采用"增长黑客"的方法是可圈可点的。正如罗里所建议的，你收集的证据质量是可以由它所催生的决策的重要性来决定的。他说："在商业领域你不需要是'绝对正确'的。你只需要'足够正确'，或者正确的次数足以占领一个有利可图的市场空间。"他接着说，"毕竟，有时候你需要做的就是比你的竞争对手少犯错误"（Sutherland，2018）。

因此，要以获得一个你认为适合你的商业决策环境的证据为目标，而不要囿于统计意义上的学术标准，因为它们本质上是基于任意数字的。要像"增长黑客"那样，在实施过程中强化你的实验，来获得你想要的商业成果。

工具15　在大型演讲中做到熟能生巧（像个初学者一样去练习）

如果你只有一次机会将行为科学讲给一群人听，就需要一个精心安排的程序。演讲的每一秒都必须经过练习，直至你使用的语言、你的表达方式以及你的表达顺序恰到好处。你需要安排好在关键时刻与现场同事互动的方式，确认你拥有的资源以及利用这些资源的方法。

不过，注意不要让你的演讲过于圆滑。正如辛格贝尔（THINKERBELL）的创始人亚当·费里尔说的那样，在你的演讲中设计一点支吾之处是有好处的，因为这样做能让你显得更加可信。在行为科学中这被称为出丑效应（Aronson，Willerman和Floyd，1966），即一个人一旦犯了一个小错误，反而会变得更加讨人喜欢。你可以找出自己一个特定的缺陷来做到这一点。身高5英尺5英寸[1]的杰兹，经常在演讲中提到他在公司的绰号。

术语解析

出丑效应
人们在犯了一点小错之后，会更加受人喜爱。

"人们叫我尤达大师[2]，"他会说，"我想这是因为我可以用离奇古怪的技术改变人们的行为。我不认为这是在影射我的身高，而且我的耳朵也没有那么多毛！"

杰兹知道，成为一名优秀的行为科学家并不需要个子很高，所以你最好也挑一个不会损害你胜任能力的缺点。比如，你可以在故意忘词或举错了图板中选一个，或者故意碰倒茶杯。用这种方式显示个人的缺点，或者犯一个小错误，会让别人与你相处时更舒服，也更愿意和你一起工作。

----

[1] 1英尺=0.3048米，1英寸=2.54厘米。因此此人身高约1.6米。——编者注
[2] 尤达大师是《星球大战》系列作品中的重要人物，其个子矮小。——编者注

第六章

改变传统洗衣习惯
——泰国

缺乏正确的生态系统的建立，
创意就无法实现

为了让人们按时起床，在日本有一种毫无顾忌地使用羞耻感的闹钟。每次按下闹钟的止闹按钮，它就会在你的推特账户上发出类似"我不会骑自行车"，或者"我现在穿着水手服"这种在日本文化中令人尴尬的留言。对你来说，如果避免公开丢脸比在床上多睡几分钟更重要的话，你就有了起床的动力。

这个闹钟启发了杰兹和他的团队。当时他们正在参加英国公共卫生部的比赛，一直在思考怎样能够利用物联网进行行为干预。物联网赋予了人们远程控制家中温度、让冰箱自动补货、在数英里外为快递员开门的能力，物联网的使用必定会彻底改变人们的日常生活。

英国公共卫生部的目标受众之一是那些失去独立生活能力、开始依赖子女的老年人。他们的孩子们现在人到中年，逐渐感觉到需要发短信、打电话或上门走访年迈的父母来检查他们是否安好。当然，跌倒报警器之类的东西早已存在，但并没有什么装置能定期为子女们更新父母的活动信息。受到推特闹钟的启发，"奥美新改变"团队有了一个疯狂的想法：制作一个推特水壶怎么样？在英国，人们早晨起床后的第一件事就是泡一杯茶。不管在任何地方，在收到父母的水壶发来的"早上好！我刚刚给自己泡了杯茶"的消息后，担心父母的孩子们就能放下心来。

于是，奥美公司的一个实验室团队为英国公共卫生部的比赛制作了一个推特水壶。水壶上安装着一个电箱，电箱侧面伸出杂七杂八的电线。不用说，这看起来并不是很吸引人。然而这个水壶不只会简单地发布一条确认主人安然无恙的推特，还会发布壶中的确切水温。"嘿，现在的水温是40℃"推特上这样写道。几秒钟后它会更新道"现在是45℃了"，简直就是一个有史以来最无聊推文的有力竞争者。

这个团队已经把推特水壶的创意变成了现实，但它不可能被严肃看待。这是一个简陋的装置，推文的风格也不对头。虽然这并没有妨碍团队赢得比赛，但这个故事的寓意很简单：如果你没有正确的生态系统来执行一个创意，那么这个创意就不会成功。

正如我们将在本章中看到的，因为上述原因，当改变泰国女性根深蒂固的洗衣行为的机会到来时，杰兹和团队的创意没能结出果实。创造出一个改变行为的完美创意当然很好，但你也需要有执行它的能力。

泰国手工洗衣传统

现在，人们在很大程度上已经从手工洗衣这种家庭杂务中解放出来了。但是还有一些地方，例如泰国，女性仍然每天要花3个小时洗衣服。使用一系列的水桶，她们沿着一条生产线（勉强算是吧）上不同的洗涤阶段将衣服向下传递。首先是预洗桶，然后是有洗涤剂的桶，最后是一个有织物柔顺剂的桶。有的人用2个桶，有的人用4个桶，但所有人的洗涤程序大同小异，劳动密集程度令人难以置信。除了体力消耗，为了人工漂洗衣物，还要用掉很多桶水。

一种省水、省时、省力的织物柔顺剂

"金纺"是一种由联合利华公司制造的织物柔顺剂，其中有一种手洗专用款叫作"金纺一漂净（Comfort One Rinse）"。与传统的织物柔顺剂不同，这种柔顺剂只需要简单漂洗一次即可，对于水价昂贵的农村地区是一个福音。

除了省水之外，使用该产品同样能节省时间。少漂洗一次就能使整个手洗过程减少20分钟，也就让泰国女性的日常生活多出20分钟时间。将一年中因此节省的时间加起来，就是长达一周的额外空闲时间，这都是从减少一次次漂洗中省出来的。如果"金纺一漂净"使用得当，其对环境、身体和解放劳动力都有好处。

　　然而，问题是泰国女性没能恰当地使用它。"金纺一漂净"的售卖、推广和包装方式与其他品牌织物柔顺剂没有区别。尽管厂家宣称这是一款完全不同的产品，但其无论是看起来还是感觉起来，都和其他产品完全一样，这也就意味着人们使用这款柔顺剂和使用其他柔顺剂的方法还是一样的。虽然只需要漂洗一次，但是人们还是会坚持漂洗两到三次。

改变洗衣行为

　　杰兹和他的团队面临着一个挑战：怎样才能改变泰国女性的行为，让她们在使用"金纺一漂净"洗衣服时只漂洗一次呢？这也是一个很有意思的行为科学命题，有很多的约束条件，产品本身、包装及价格都必须保持不变。

　　如我们在第四章所讲，尽管亲身体验即将进行行为干预的环境非常重要，但案例中"奥美新改变"团队没有办法去泰国。不过他们还有次优选项，联合利华的可持续发展团队从泰国来到了英国，他们与杰兹的团队在伦敦市中心的一家五星级酒店奥德维奇一号开展了一次工作坊。为了让奥美公司的团队对泰国女性在手洗衣物时使用"金纺一漂净"的情况有直观了解，联合利华的可持续发展团队在酒店楼下的女厕所进行了一次产品展示。罗里穿着马甲，挽着袖子，跪在厕所地上欢快地洗着桶里的衣服，把手弄得脏脏的（或者说是很干净，事实如此）的情景，给杰兹留下了美好的回忆。

行为科学诊断

众所周知，以促进可持续发展为目的来改变人民的行为是非常困难的。人们可能怀有节约用水、回收利用塑料或减少能源消耗的美好意愿，但将这种意愿转化为新的行为，往往需要更多的身体和认知上的努力。

就这个项目的情况来说，泰国团队带来的当地视角和视频记录被用来作为行为科学诊断的依据，揭示出习惯、环境和社会规范都在强化着当地女性的传统洗衣方式。洗衣服作为一种实践活动代代相传，祖母把方法教给母亲，母亲再教给孩子。在使用了织物柔顺剂后，漂洗两三次的习惯是根深蒂固的，所以必须改变泰国女性的上述习惯。结合这些认识，因为所有的情境和环境诱因都与以前完全相同，所以没有任何洗衣行为正在发生变化的迹象。

努力启发式

在制订行为解决方案时，团队受到了牙膏的启发。在牙膏被挤出来时，鲜明的彩色条纹让人们相信其含有活性成

术语解析

努力启发式
我们会将为制作一个物品所花费的努力与其质量联系在一起。

分。虽然在生产牙膏时需要更多努力，但看到膏体上健康牙龈的红色条纹、强健牙齿的白色条纹和清新口气的蓝色条纹截然分明，会使得这些活性成分在感觉上更加真实。努力启发式是一个心理学上的经验法则，指的是我们会将制作一件东西所付出的努力与其质量联系起来（Kruger，Wirtz，Boven 和 Altermatt，2004）。制作彩条牙膏看起来付出了很多努力，因此其被认为更有价值也更有效。用这种方法为产品增加复杂性，能够让其更加可信。

努力启发式法则可以被用来解释为什么泰国女性在使用"金纺一漂净"时仍然漂洗多次。鉴于这种产品并未在产品视觉效果上付出太多努力，泰国女性就认为其效果没有那么好。杰兹和他的团队面临的挑战是增加泰国女性使用该产品时的感知努力。

用一个科技水桶来增加感知努力和感知功效

尽管在诉求中规定了严格的约束条件，但还是有一件东西可以被改变：洗衣桶。如果给洗衣桶增加更多科技含量，将会增加洗衣活动的感知努力，并因此让泰国女性相信这个产品一次漂洗就很有效。

这个创意是设计一个具有多种科技感的特色洗衣桶，洗衣桶上面有刻度线、一个阀门和一个波纹面。泰国女性被指导在桶里加入到刻度线上的某个刻度的水，然后通过阀门精确地排出必要的水量，直到达到产品能够发挥最大功效的浓度。这种精确感会传达出产品配方的科学性，并强化其感知效果。

桶壁上的波纹设计，是为了提供起伏不平的棱在漂洗衣物时增加与衣物摩擦的感知，该设计被冠名为"波纹释放技术"，使得新式洗衣桶在使用时拥有更多助力。将这3个特点结合在一个新的洗衣桶上，虽然需要的水和人力减少了，但现在一次漂洗的过程看起来付出了更多的努力。

新式洗衣桶将在一次大型免费换购活动中进行发放。顾客提交一个破旧的金属洗衣桶，就能从"金纺一漂净"销售处免费领到一个崭新的洗衣桶。这样做就可以方便地将旧洗衣桶从人们手中移除，而旧洗衣桶也是旧日行为的环境线索之一。新洗衣桶将被当作限量版的礼物，从而增加产品的稀缺性和价值感。

制作新式洗衣桶

杰兹的团队开始绘制洗衣桶设计草图（见图6-1），但该团队没有洗衣桶制作经验，他们的客户也没有。杰兹团队所在的大楼里，人们除了擅长做广告，就不会做其他东西。

天真而乐观的团队提出了一个产品设计的报价。显然，这种水桶唯一可行的生产方式是在中国大规模生产，因为需要开模，所以只有极大的最低生产量在成本上才是划算的。如果团队打算做30个桶来验证这个想法，每个桶的成本将高达15 000

图6-1 "金纺一漂净"洗衣桶

美元。不可否认，这是一个技术含量很高的桶，水龙头的设计也非同寻常，但这一工作路径会使得测试成本太高而无法进行。

　　如果大规模生产的路径超出了预算，一个定制的解决方案又会如何呢？杰兹团队在最初的交流中，得知在现有的水桶上铸造一个水龙头，然后添加一些波纹和刻度线是可行的。不过如此一来，会让产品显得很简陋，并且即使是选择这种方法，每个桶的成本仍然要花费大约5 000美元。制造一个看起来不好看的东西是没有意义的。只有当人们愿意用其现有的金属桶去换一个升级版的洗衣桶时，换购活动才有效果。

不可逾越的障碍

　　任何机会都有一个时间控制窗口。虽然杰兹团队已经提出了一个可以改变洗衣习惯的强大创意，但因生产障碍不能在与客户数月的合作期内得到执行。尽管工作坊很成功，对行为问题有深刻的认知，有一个大家认可的有趣创意，但缺少了一个环节：除非有大量的资金，否则没有人知道如何制作出一个洗衣桶。

　　应用行为科学的方法，从口头语言到海报、从工作方式到一个应用程序、从重新设计房间到一个水桶，解决方案可以是任何东西。然而，无论解决方案多么高明，拥有一个能够帮助你实现创意的人的生态系统都是非常必要的。可悲的是，和许多无法被执行的伟大创意一样，"金纺一漂净"洗衣桶的创意只能作为一张幻灯片，永远停留在杰兹和丹的脑海里。

你该怎么做：建立一个能力生态系统的工具包

工具16　与实干家建立联系

　　在第三章中，我们谈到了"先做再想"的好处，即先采取行动，然后再进行反思。同理，在提出理论的基础上，能有一个可以实践的方法也是有必要的。"金纺一漂净"洗衣桶背后的创意思路是合理的，但因为没有制造能力，其只能是一个停留在纸面上的创意。

　　你可以通过与有趣的人进行看似随意的聚会，让自己成为创造者和实干家团体中的一员。这些关系可能在当时没有意义，但你永远不知道其将会在何时以何种方式对你有所帮助。顺着这个思路，这些关系对你的帮助可能是无价的，比如帮你将创意变成现实。建立和维护一个由形形色色的人组成的网络，你将更有可能引发在第二章中被推崇备至的意外碰撞。

工具17 建立一个人际关系生态系统

很多行为干预措施是很简洁的，有可能只是调整一封信的用词。不过，对于那些需要物质产品的创意，拥有一个能让你交付该产品的人际关系生态系统是很重要的。要找到那些能够执行创意的人，不管他们有多么与众不同。

例如Fab Lab（微观装配实验室），它是一个全球性的发明家网络，从打击乐器到自行车灯，从机器人到水轮机，这个网络的发明组织能够创造出任何东西。又如Lab For Hire（出租型实验室），利用一个与Fab Lab不同的由发明家和创新者组成的网络来设计产品或服务。

在你需要它们之前，先要与类似的组织建立关系。等你有了创意的时候，这些现成的关系将会使你有能力在稍纵即逝的时间内，去执行你的创意。

工具18 挖掘对特定环境的认知

因为行为与环境是密不可分的，所以建立对特定领域的深刻认知非常重要。你需要直接从内部人员那里了解环境，而不是依赖于自己的生活经验和认知。

在第十四章中，我们将会看到杰兹通过亲自到访智利一家生猪屠宰场，对特定领域建立起了深刻认知，从而发现改变工人的洗手行为需要做些什么。如有可能，最好是亲自去环境中体验一下。在"金纺一漂净"的案例中，最理想的做法是派遣一个行为科学家团队到泰国去进行审核。因其难以实现，次优的做法是让一些相关人员从泰国乘飞机过来，提供对这一问题的认识，以及泰国女性日常洗衣服时所处的环境的一手资料。只有有了这样的观点，才能设计出恰当的行为解决方案。这也凸显了获取对特定领域深刻认知的重要性。

第七章

对付肥胖问题
——墨西哥

在一个超重国家大规模
改变人们的行为

如果从杰兹和阿普丽尔的英国伦敦办公室里拿出一个装满蔬菜的午餐盒，大家会钦佩地低语，语气中还会带着一丝悔恨。其中有些人会评论说："看起来真健康啊！""你们真厉害！"

但在墨西哥，面对同样的午餐，人们的反应则截然不同。因为在这个国家，吃蔬菜、水果、沙拉的人会被认为肯定是生病了。墨西哥人只有在身体不适时，才会勉强多吃一些蔬菜。如果有人看上去很健康却在吃蔬菜，他们的家人会感到困惑，他们会问："你怎么了？你到底为什么吃沙拉？"吃得健康就是软弱的表现，身处这样的文化环境中，难怪墨西哥是世界上肥胖问题最严重的国家之一了。

据2014年的报道，墨西哥总人口中大约70%的人存在超重问题，居世界第一位，约32%的人被归类为肥胖人群（经济合作与发展组织，2014）。虽然全世界的医疗机构都认识到了这个问题的严重性，但似乎并未引起墨西哥人自己的共鸣。根据墨西哥一些报道，6个月以下的婴儿中，有10%的婴儿会被喂食可乐等碳酸饮料（英国广播公司，2016），而在两岁幼儿中，这一比例上升到了80%。

这种意识的缺乏意味着为了对付肥胖问题，墨西哥人需要在他们的自我认知和日常习惯上做出巨大转变。像在商店百叶窗上涂鸦、在洗衣桶上增加波纹、把手机卡打包那样，只是向正确的方向提供一点点的"助推"，是解决不了整个国家的超重问题的。

虽然很多"助推"的例子显示一个小小的改变能够对行为产生地震波一样的影响，但实现大规模的行为改变需要一种与众不同的方法。为了改变整个国家的生活习惯，你需要有一个多方面的创意和一个能够将创意执行且有影响力的团队。这需要足够的资金、赞助商和技术支持。而有了足够的影响力，你就能让真正独一无二的事情发生。

改变全国肥胖问题

雀巢，世界最大的食品公司，其组建的初衷是帮助父母们养育更健康的孩子。2014年，雀巢正在寻找庆祝公司成立150周年的方式，而作为一个食品制造商，全世界都认为其应该对肥胖问题负一部分责任。但是雀巢公司认为，如果自己成为这一问题解决方案的一部分将会如何呢？作为一个世界品牌公司，他们再次将帮助家庭过上更健康的生活作为了自己的使命，所以这场"为了更健康的孩子团结起来"运动诞生了。

这一运动受到了一个令人震惊的学术发现的启发：如果不能采取长远的干预措施解决肥胖问题，今天的孩子们将是第一代平均寿命低于父母的人（Olshansky 等，2005）。当然，仅靠一个食品制造商、一个政府或者一个零售商解决不了这个问题。准确地说，这需要影响儿童饮食的所有各方的共同努力，包括家长、老师、营养学家、政府、零售商和品牌持有企业。

所以，雀巢打算改变整个国家的行为方式，帮助墨西哥家庭吃得更健康，并将这些健康的饮食习惯传递给他们的下一代，防止未来一代人的寿命比父母更短。

以行为科学专业知识支持一项全国运动

这项旨在帮助墨西哥家庭过上更健康生活的运动，由位于法国香榭丽舍大街中心的奥美巴黎公司发起。这个团队的领导者是伯诺瓦·德·弗莱里安和波琳·戴福吉，二人都完全符合杰兹对法国人的刻板印象：紧张、热情，稍有几分混乱，但总是极具创造力。

杰兹和丹作为行为改变专家参与了这一运动。他们采用了行为改变的阶段变化理论模型来处理这个问题（Prochaska 和 DiClemente，2005）。该模型描述了人们从不健康行为向健康行为转变过程中所经历的5个变化阶段。例如，在减肥行为的环境中，有以下5个阶段：

（1）前预期阶段：墨西哥家庭对他们的体重问题和不良的

生活习惯毫无意识。

（2）预期阶段：墨西哥家庭理解了他们有体重问题，意识到自己需要做出改变。

（3）预备阶段：墨西哥家庭打算改变生活方式，减轻体重。

（4）行动阶段：墨西哥家庭运动更多，吃得更健康了。

（5）保持阶段：墨西哥家庭努力保持新的健康生活习惯，继续减重。

该模型被用于了解墨西哥人在行为改变道路上所处的具体位置，影响推进他们逐一完成各阶段的战略，并强调了解决肥胖问题在各阶段需要不同类型的干预措施。

肥胖现象普遍存在意味着墨西哥人对这一问题视而不见，所以他们处在前预期阶段。因此，通过模型确认他们需要一些点拨，才能对这一系统性问题引起重视。虽然很多的"助推"应用的规模很小，但这个创意必须被数百万墨西哥人看到，并影响他们的生活。

埃斯·佩朗莎秀：一个互动电视节目

为了让墨西哥家庭意识到肥胖问题和改变的需要，一个互动电视节目的创意诞生了。埃斯·佩朗莎秀将会追踪5个在节目组的要求下过健康生活并减重的家庭，每周观众都会看到这些家庭应对一个不同的营养学问题，并受邀在一个网络平台上提交自己关于健康生活习惯的创意。

为了让这个创意获得足够的推动力，团队需要墨西哥电视台的高管们参与其中。贝努瓦联系了墨西哥最大的"肥皂剧"执行导演。这位名叫加布里埃尔的中年导演，是一位具有超凡魅力的墨西哥爱国人士。他接受了这个邀请，并安排电视网络中心制作这档节目。

墨西哥的两位电视明星被邀请来主持节目。节目的目标是使墨西哥人从阶段变化理论的前预期阶段转变到预期阶段。

为了保证这档节目的行为科学基础，杰兹和丹为电视制作人介绍了为什么人们很难接纳新的行为。在为他们进行了基本的行为科学培训后，杰兹和丹还向他们解释了减肥之路上会遇到的思维偏见。例如，如果身边的人都超重，你就更容易长胖，因为我们都会受到密切接触的社会群体设立的社会规范的影响。让这些电视制作人了解行为科学，有助于节目在完成行为改变上的成功最大化。

设计战胜不健康的产品

墨西哥家庭一旦进入到改变的行动阶段，怎样做才能为他们选择更好的生活方式提供支持呢？众多行为科学家、营养学家和创意专家会聚一堂，设计了一系列能够帮助人们战胜不健康行为的产品。

"进步餐盘"：减少饭菜的默认分量

　　例如，营养学家深知饭菜的默认分量太大了。墨西哥人给孩子们吃和大人一样的饭菜，哪怕孩子才6～12个月。这些孩子和大人吃的东西是一样的，分量经常也是一样的。

　　行为科学家知道，盘子的大小能够影响进食的量——盘子越大，吃得越多（Wansink 和 van Ittersum，2013）。在过去一个世纪，餐盘的尺寸一直在增大，食物种类和分量的增加也反映了这一点。盘子的尺寸和食物种类为饭菜分量设置了一个有力的默认项，减小每份饭菜的默认分量最简单的办法就是使用小一些的餐盘。因此，进步餐盘的创意被构思了出来：餐盘上有半径逐渐增大的同心圆环，随着孩子长大可以按照圆环给他们正确的量。

三维故事餐盘：分散孩子吃蔬菜时的注意力

　　营养学家知道，孩子们常常怕吃蔬菜。另外，行为科学家知道当人们分心的时候，不会注意自己在吃什么。你可能会很熟悉这样的场景：坐在电视机前，你伸手拿了些或甜或咸的碳水化合物零食。当你的注意力放在电视上时，你只是下意识在吃，根本不知道自己吃了多少。怎样用一种积极的方式，利用无意识进食来帮助孩子们吃更多的蔬菜呢？

　　一系列三维故事餐盘被设计了出来，用来在孩子吃蔬菜时分散他们的注意力。一款餐盘设计为天蓝色，所以一朵朵花椰菜看起来就像是一朵朵白云。另外一款餐盘设计为绿色，上面有火山锥，小小的西蓝花可以变身成大树，成为餐桌故事的一部分。更重要的是，绿色的餐盘给绿色蔬菜提供了伪装，成为促进下意识进食的又一个机制。降低蔬菜和餐盘的对比度，让蔬菜不那么突出，使得孩子更不容易意识到自己在吃蔬菜。吃饭时，父母可以和年幼的孩子互动，讲一讲餐盘上的故事，在吃蔬菜时分散孩子们的注意力。

掰手腕榨汁机：让吃水果更有男子气概

正如前文中提到的，在墨西哥饮食文化中，吃水果和蔬菜被认为是虚弱的象征。如果别人看到你在吃沙拉，他们会认为你是大病初愈，正在努力恢复健康。如此一来，怎样才能让人们感到吃水果和蔬菜是有男子气概的呢？

一个掰手腕榨汁机被设计出来，其设计蓝本是墨西哥有名的WWE[1]摔跤手的手臂。爸爸和叔叔们不必在生病时才吃水果，现在他们可以尝试击败墨西哥最强壮的男人来补充维生素。这创造了一种新的规范，男人们由此感到料理和食用健康的水果是能够被社会接受的。

关键之处在于，这个榨汁机必须个头很大。日常必需的水

---

① WWE指世界摔角娱乐，也称美国职业摔角联盟。——编者注

壶和烤箱可能在厨房台面上赢得一席之地，大部分厨房用具在新鲜感耗尽之后，只能栖身在储藏格里。只要这些用具从视野里消失了，就会从人们的大脑里消失了，再也不会被使用。因此，这个榨汁机被设计得很大，没法放进橱柜中，这样人们就不得不将其留在台面上，成为提醒人们吃更多水果的一个视觉提示。

为了推广健康行为，各种各样的产品被设计了出来。有一个名为"猜猜我是谁"的游戏，帮助人们喝更多的水，有一种可以摇掉脂肪的沙球，还有一种戴在手腕上的电子宠物，你运动得越多，它长得越快。

在第六章中，"金纺一漂净"洗衣桶的创意在制造产品阶段失败了。与之相反，这一次创意团队与创新性产品设计机构建立了联系，已经为制造产品做好了准备。因为他们有了一个能够接受行为科学创意，并将其转化为实际产品的合作伙伴，这些产品的原型得以生产出来供节目组使用。埃斯·佩朗莎秀每周都会向家庭介绍一款新产品，来帮助他们对抗肥胖。

吸引在线观众

埃斯·佩朗莎秀仅仅改造节目中出现的几个家庭是不够的，它还必须激励墨西哥各地的家庭采取行动，让其更健康地生活。为了发起一场全国性的行为改变运动，观众们被引导到网络上去了解更多的产品信息，并在社交媒体平台上贡献自己关于健康生活的创意。

显著成果

在拉丁美洲最大的电视网络平台上，埃斯·佩朗莎秀吸引了3000万名观众。其被提名入围墨西哥电视大奖最佳现场秀单元，并受到了墨西哥卫生部部长和众多名流的支持。超过300万人登录了其在线平台，这一活动在社交媒体上获得的支持量是米歇尔·奥巴马"LET'S MOVE"（动起来）活动的两倍。对于在墨西哥推进行为改变，并使雀巢成为解决肥胖问题的一分子的长远目标，这只是第一个主要步骤。

行为改变运动仍在继续

虽然具有行为影响力的营养产品尚未大规模生产，但这一创意盛行全球。在更名为"雀巢，为了更健康的孩子"的网站上，你仍然可以通过相关信息获得行为科学催生的工具，来帮助你的孩子生活得更健康。你可以下载并打印适合孩子年龄的定量餐垫，将其剪出一个圆形的孔，贴在水杯的底部，来和孩子玩儿"猜猜他是谁"的游戏，或者开发更多可以一边看电视一边从事的运动。

你该怎么做：推进大规模行为改变的工具包

大规模改变行为是一个复杂的问题。为了实现这一目的，你需要将大创意和小创意结合在一起，然后用一个恰当的行为科学模型，将这些干预措施中单独的部分连接在一起。

工具19　志存高远

在凭空想象什么是"助推创意"时，人们通常完全可以接受的想法是，从细微之处思考，提出一些能够改变个体行为的创意。毕竟，行为科学的美妙之处在于，它能够启发产生一个小小的干预措施，从而对行为产生重大的影响。但当你试图解决一个巨大的、多方面的问题时，比如全国人口肥胖问题，情况则与此不同。在这些情况下，你必须志存高远。解决墨西哥人的肥胖问题，这个电视节目就是一个"大创意"。埃斯·佩朗莎秀是一种在人口总体层面激发行为改变的方式，但仅靠一档电视节目尚不足以解决这个问题。

工具20　思考入微

在推动整个国家行为变化过程中，这档电视节目发挥了总体情绪媒介作用，但同时实施能够触发个体行为变化的小型干预措施也非常重要。这些小型措施，比如进步餐盘和掰手腕榨汁机，对于个人和家庭的行为改变是必不可少的。通过思考入微，你可以应对具体的环境，给人们提供实用工具，用特定的方式改变个人行为。

工具21 用行为科学模型将大小创意统一起来

这种规模的行为干预措施，无疑会有很多的"活动部分"。你需要将大小干预措施统一起来，来应对像肥胖这样复杂的问题。找到一个贴切的行为科学模型，将会对你诊断问题、确认需要调整的项目、计划一个多层面的干预措施，以及跟踪实施过程大有裨益。

跨理论模式适用于解决墨西哥的肥胖问题，而其设计目的本就是描述行为改变的过程。这使得它在帮助改变不健康行为，或者采纳健康行为方面成为一个很有用的模型。因此，这一模型被用来将其中的行为科学知识点连接起来进行输入，包括帮助确定墨西哥人当下所处的阶段，干预措施实施的优先顺序，并根据不同阶段将干预措施分类等。电视节目用来应对前预期阶段和预期阶段，行动阶段由各种产品解决，而社交媒体贯穿了预备、行动和保持3个阶段。

术语解析

跨理论模式
这是一个用来描述精心设计的行为变化过程的理论，例如戒烟。

第八章

从起始试点到企业增长点
——苏格兰

攀登证明之梯，
让行为科学大规模植入企业

我希望你能明白一点，即企业中的每个人都可以在较小规模内尝试使用"助推"。也许是利用**互惠原则**，重新组织一封电子邮件中的要求；也许是利用**现时偏见**，在你的网页上增加一个"现在就买！"的按钮，吸引更多人点击；也许是将你的任职资历天衣无缝地融入对话当中，增强你的权威性，让客户更信任你。

术语解析

互惠原则
人们是社会性动物，通过对彼此互惠性的承诺来建立信任。当接受了来自他人的礼物和代币，人们会有清偿这一债务的动机。

现时偏见
人们缺乏耐心，倾向于能够给自己带来即时满足的，而不是延时满足的决定。

这些都是极好的初步尝试，但是为了"收割"行为科学的全部好处，需要从头开始形成一个主张。如何让你的组织有信心地采纳这种看似激进的方法呢？在一家几乎没有听说过行为科学的企业中，你不可能单独成功。想要大规模植入行为科学，你需要沿着一条证明之梯逐级向上。随着一级级向上攀登，你从一个试点开始，逐渐赢得组织的信任，直到你到达某个阶段，行为科学已经成为企业不可或缺的一部分。

在帮助诸多跨国企业实现上述目标努力了超过10年之后，杰兹研发了一个记忆诀窍，可以引导你实现晋级。八级阶梯的每一个台阶都与单词"PROOFING"（证明）中的一个字母对应。

首先，你需要开展一个"试点"（Pilot），这个试点可以为你赢得"认可"（Recognition），使你可以去"实施"（Operationalise）行为科学。当领导层开始关注你，你就可以开始将行为科学向"组织"（Organisation）的其他部门推广，然后才是将行为科学引入企业"未来"（Future）主张的时候。在这一阶段，增强组织"内功"（In-house）很有意义，这可以使应用行为科学在你的组织中实现"规范化"（Normalise），并最终引领组织"成长"（Growth）。

沿着证明之梯逐级而上，最终目的是实现行为科学在组织内部的大规模应用。杰兹在为荷兰全球保险集团（AEGON）①这一人寿保险和养老金公司提供支持时发现，将行为科学植入整个组织，其过程可能会耗时数年。

---

① 本文中所提荷兰全球保险集团，指该集团在苏格兰分支机构。——编者注

证明之梯

P：试点

P，全称为Pilot，即试点。高层利害关系人总是在寻找具有革新性的创意来推动企业发展，但是如果实施创意会导致高层利害关系人声望受损，那么他们就会不愿意尝试新事物。如果一个高成本的新项目没有获得预期效果，这将会损害他们的声望。

为避免这种情况发生，通过运行一个试点让所有人对行为科学产生信心是可行的。这一试点的规模应该足够小，即使失败了，你和你的组织声望受损的风险也是极小的。但这个试点也要有足够大的规模，保证其成功能够使行为科学获得被认真看待的机会，并能得到组织其他部门的认可。

一个让有关养老金的对话更加人性化的试点

2016年，荷兰全球保险集团投入重金打造了一个新的养老金电子平台，并将其命名为"退休宝"。这个平台使得客户可以查看他们的养老金账户，调动他们的资金，改换基金种类。那些在使用该平台过程中遇到困难的客户，可以给集团的客服中心打电话。打进电话的人往往带着失望和绝望的情绪，而这些对话是用户体验中至关重要的一部分，但是因为该集团复杂的呼叫脚本，致使这种对话成了一个短板。

例如，一个客户常常遇到的问题是账户合并，即客户想把多个养老金账户合并成一个养老金账户。其中一个呼叫脚本是这样的：

在荷兰全球保险集团进行账户合并，您有两个选择。

一是把原有账户转移到您现有的养老金计划中，我们公司有一个可执行范围审核，来确定该账户是否可以转移。如果原有账户可以转移且审核部门同意为您处理，他们会把相关的文件发送给您。

二是我们公司有一项非强制（Non-Advised）服务，叫作"退休宝"。这项服务中有一项为那些乐于在网络上自己管理养老金计划的人设计的一种个人养老金。

我将会给您发送一封电子邮件，其中包含两种选择的具体信息，并将向您确认继续操作需要的信息。您目前在荷兰全球保险集团的养老金计划和"退休宝"计划的收益率和手续费是不一样的，所以在选择之前请仔细考虑。如果您对这两种选择还需要其他信息，请告知我们。如果您不能确定怎样选择，请咨询财务咨询师。

识别心理摩擦点

大部分打进电话的人，在听到"另外……"的时候，就已经不知道后面在说什么了。这个脚本中有很多像"可执行范围"这样的可怕词汇，让咨询者下意识地担心自己的风险[①]。而且这段脚本中的信息太多，会造成认知超载，也就是说咨询者的大脑处理不了他们听到的内容。在听完这一大段独白之后，咨询者会感到信息铺天盖地、头脑一片混乱，他们只能按照他们听到的，考虑向财务咨询师咨询。因为这是他们听到的最后一句话，近因效应使得咨询者不得不考虑向咨询师寻求帮助。自相矛盾的是，荷兰全球保险集团的雇员们无意中劝阻了人们去使用"退休宝"，而这一平台本来是他们试图推荐的。

术语解析

认知超载
当人们的"工作存储器"承载了过量的信息时出现的现象。

无心理摩擦点的对话

为解决这一问题，杰兹和他的团队运用行为科学重新设计了对话：

---

① 这里指的是保险条款中有对客户的年龄进行限制。——编者注

如果想将计划合并，您有3种选择：

第一，如果您对这些选项有任何不确定的地方，可以向一位财务咨询师咨询。

第二，将其他养老金转到您在本集团的养老金计划中来，合并账户需要进行一次审核和一些文书工作。

第三，将两个养老金账户都转到我们的新服务"退休宝"上去，在这个平台上您可以在线查询余额，查看储蓄情况，并且可以随时增加存款。

这一版好在哪儿呢？这个脚本被分成了3个可操作的阶段，咨询者会发现这一版更加好记也更加容易操作。重置了选项的顺序，这样一来向财务咨询师咨询就不会出现在最后。鉴于最后听到的话最容易被记住，这第3个选项的顺序是随机的，以保证选择结构不会让客户对于某个选项产生不公平的偏见。最后，通过这种调整选项顺序的方式，这一脚本让集团员工重新获得了权威，咨询者更加信任他们了。

齐巴·戈达德对试点运行发挥了重要作用。他性格活泼，是贝壳公司的核心咨询部门的主管。他对荷兰全球保险集团的团队就新脚本进行了训练，充分调动了他们的潜力。在对这些脚本变更进行了为期5周的试点运行后，该集团的净推荐值（Net Promoter Score，NPS）上升了15个百分点，他们还看到了68%的账户合并业务增长和60.5%的管理资产总额增长。通过这些确实的积极成果，这个试点证明了行为科学在这种环境中能够为荷兰全球保险集团发挥作用。

R：认可

R，全称为Recognition，即认可。一旦有了一个试点，你会开始获得认可：公司高层利害关系人承认行为科学是有用的，承担的风险是值得的。在这一级台阶上，能为你提供资源的高层利害关系人会参与其中，行为科学也会在更大的组织范围内获得认可。

在与荷兰全球保险集团合作的前4个月里，杰兹向集团客户展示了行为科学不仅能给他们带来巨大帮助，客户体验的改善也会带来财务业绩上的增长。如果没有来自初始试点的令人信服的结果，很难攀上第二个台阶。你的创意可能会得到认可，但得不到应用行为科学的商业用户的认可。

O：实施

O，全称为Operationalise，即实施。当你开始在试点之外应用行为科学，在实施过程中你会需要更多的投资。在荷兰全球保险集团，杰兹和他的团队将注意力转向了集团一个规模更大的客服中心。在一个300人的团队中，如何使用行为科学来改善客户服务质量并且提高员工敬业度呢？他们希望将事务性呼叫（如更改地址）转换为关系型呼叫，使关系型呼叫（如有关丧亲的电话）变得更加人性化。

例如，虽受过充分培训但缺乏经验的员工，可能无法用正确的语言来引导有关死亡的敏感对话。在没有恶意的情况下，他们中的一些人会说出"恐怕负责处理死亡业务的团队现在很忙"之类的话。重新拟定这些反应，让话术更具同理心是非常重要的，所以杰兹和他的团队建议荷兰全球保险集团改变集团内部对团队的称呼，将"死亡业务团队"改为"丧亲业务团队"。

在推出了诸多类似的改进措施之后，集团内表现最差的客服中心变成了表现最好的客服中心。员工敬业度提高了47个百分点，客户流失率下降了63%。

O：组织

O，全称为Organisation，即组织。开始在初始试点之外实施行为科学之后，你的成功将开始在董事会得到讨论。一旦最高管理层开始谈论行为科学的巨大影响力，你就可以开始将工作领域扩展到组织内部其他业务部门。在这一级台阶上，让高层利害关系人谈论你的工作至关重要。有了试点和推广应用的成果，他们开始认识到，行为科学可以成为实现客户差异化和组织差异化的因素。得到组织内最有影响力的人员支持，行为科学就能开始介入企业的其他业务领域。

　　到了2017年，荷兰全球保险集团中的很多人已经领会到了应用行为科学的价值。有了运营部门的证明，下一步要做的就是证明同样的原理也可以被应用于其他领域，比如集团给客户的信件。设计不良或用词不当的信件，会让客户感到愤怒和失望。由此可知，行为科学可以被用以创作美好的信件，让客户读起来如沐春风。杰兹和他的团队换掉了大量长篇累牍、文笔拙劣的信件，并用结果展示出这也是一个行为科学可以创造价值的领域。

　　因为一系列出色的业绩，荷兰全球保险集团开始频频获奖。2017年，该集团获得了客户服务人士共同体论坛颁发的创新奖。随后又获得了由欧洲客户服务中心暨客户服务大会[①]颁发的2018年最佳学习与发展项目奖。此后，荷兰全球保险集团开始在与关系网络中的公司交流时，将行为科学作为集团的一个特色，并开始在与企业客户沟通时使用行为科学。当行为科学开始广泛应用于解决普通问题时，荷兰全球保险集团客户维系部门的主管阿尔·莱因德看到了将行为科学纳入未来命题的潜力。

F：未来

　　F，全称为Future，即未来。一旦行为科学在整个组织内部获得了证明，跨部门的团队也认识到了其价值，就到了可以开

---

① 原文为European Contact Centre & Customer Service Awards。——编者注

始将行为科学融入企业战略决策和价值主张的阶段。从基本原理出发，行为科学可以被用于从头开始建设一些东西。

2019年，荷兰全球保险集团开始思考他们该怎样利用行为科学的基本原理建立新的价值主张、新的产品和服务。在贝壳公司一位行为设计师艾拉·莫里森的支持下，荷兰全球保险集团考虑利用个性化的视频，来帮助顾客了解他们的养老金账户，使他们有能力做出更好的财务决策。在这一阶段，整个组织都有信心将行为科学融入未来的产品中，而不仅仅是用其来修复遗留问题。

I：内功

I，全称为In-house，即内功。在攀登了前面几个阶梯之后，下一步骤是提升组织内部的行为科学能力。像瑞士再保险公司、沃尔玛、优步和保柏等企业，都有专门的行为科学团队。他们在组织内部应用行为科学的同时，开始对行为科学知识进行研究。由于环境对于行为有不可否认的影响，为了发掘更多在自己独特的商业环境中成功实现"助推"的方式，这些内部行为科学团队正在开展自己的研究。我们期待每个组织都能将自身能力与咨询机构的专业知识相结合，更多地采用"混血"模型，随着需求的增加，更多首席行为官[①]的岗位将被创

---

① 原文为Chief Behavioural Officer。——编者注

造出来，就像莱蒙纳德公司的丹·艾瑞里那样。

N：规范

N，全称为Normalise，即规范。一旦企业拥有了内部行为科学专家，并且已经将行为科学纳入了为公司新人提供的核心培训，那么行为科学的应用就开始规范化了。其不再是一种只有专业人员进行应用的新事物，而作为一种核心竞争力，体现在电子邮件撰写、计算机应用、遵规守纪等工作中。这时候组织中的每个人都能将行为科学的原则嵌入内外部工作的方方面面。目前，已经有几家公司达到了这种水平，到2025年，我们有可能会看到这成为更为普遍的现象。

G：成长

G，全称为Growth，即成长。我们预测，走过证明之梯各个阶段的企业，在企业关系、声誉和收入等方面的增长都将开始超越那些没有植入行为科学的企业。虽然我们还没有到达这个阶段，但似乎行为科学作为一种组织能力，会以类似于数字或社交媒体的方式扩散。但不管怎样，大规模植入行为科学的企业将无疑获得竞争优势，比竞争对手成长得更快。

你该怎么做：大规模植入行为科学的工具包

工具22 证明之梯第一级至关重要，所以优先考虑获得第一个证据

当我们第一次要求人们去接受行为科学时，他们很难相信这些看似微不足道、成本低廉的"助推"措施，会真正转化为商业成果。不过，当你从最初的试点获得了成果，他们也很难与具有统计意义的证据进行争辩。考虑到获得第一个证据的重要性，你应该准备好采用测试学习的方法，并灵活选择分析结果时使用的统计检验方法。

在获得了证据之后，你将会获得继续攀登的信心。而这种信心不仅仅来自你自己，还来自你的同事和高层利害关系人。

工具23 一次只上一级台阶

从试点获得了令人信服的成果，这种兴奋可能会让你想要开始将行为科学应用在每个地方。虽然一蹴而就很诱人，但如果你的目标是创造一个可持续的应用行为科学的文化，就要避免跳过证明之梯的某一级阶梯。

为什么不能越级而上呢？假设你直接从试点阶段跳到实施阶段，就可能面临无法实施的风险，因为你没有提前让人们认

可其效果。如果你对得到的结果以及围绕结果讲好故事的信心尚且不足，就急于将行为科学引入实施阶段，那么你很可能失去同事的信心。

同样，如果你没有预先证明行为科学可以应用于不同领域，就跳过一个阶梯，直接从可实施阶段上升到未来阶段，也可能会栽跟头。如果你没有提前证明"助推"干预措施在多种情况下都有效，那么将其建设成未来主张，则面临最终不会生效的风险。

只有通过有条不紊地一步一步往上爬，才能建立一条强有力的道路，将行为科学大规模植入到你的组织中。

工具24　到达梯顶

即使你从未听说过20世纪初的美国艺人埃迪·坎特，你也会熟悉他的一句名言"一夜成名需要20年"。正如要成为一个备受赞誉的名人需要付出很多努力一样，要想爬上证明之梯也需要付出大量努力。诚然，在整个组织中推广行为科学需要时间和耐心，但当你达到梯顶，必将获得回报。当行为科学被大规模植入组织，并帮助组织实现成长时，其就会成为将你与竞争对手区分开来的关键因素。

第九章

减少再次犯罪
——英国

通过培训让每个人都获得
应用行为科学的能力

英国伦敦桥附近的伯勒市场已经在当地热闹了上千年。当地人和游客涌向这里，购买从牡蛎到平菇、从羊角面包到卡尔菲利干酪等商品。在阿普丽尔刚刚搬到英国伦敦时，在这里卖过面包。深冬时节，她在太阳升起之前就来到伯勒市场，戴着手套架起摊位，然后在桌子上摆满酸面包、佛卡夏①和甜甜圈。

几个月之后，她从经验丰富的商贩那里学到了一些技巧。她发现人们在品尝了一些免费的价格较高的巧克力布朗尼之后，一般会从摊位上买点儿什么。但是，他们购买的常常不是布朗尼，而是一种被叠成引人注目的层层乐高塔，一种用奶酪和橄榄制成的便宜面包。

回想起来，阿普丽尔认识到提供免费样品的行为是使用了"互惠原则"（Hoffman，McCabe 和 Smith，1998）。人们讨厌受人恩惠的感觉，所以在接受了一小片试吃品之后，通常希望

---

① 佛卡夏是一款原产意大利的扁面包，上面通常会撒上香草，或者其他食材，与比萨有些类似。——编者注

从摊位上购买一些东西来"还债"。市场上的商贩凭借直觉使用这一原则，已经有数千年的历史，这也显示出将行为科学应用在你的工作中是多么简单的事情。

实际上，只要将学术理论翻译成容易上手的实用工具，几乎每个人都能具备在他们的组织中应用这些原理的能力。在建立贝壳公司时，杰兹开始了一项任务，将来自行为科学的学术原理翻译成一系列的工具和程序，让每个人都能使用，使他们的企业运营得更好。

杰兹坚信在以更加通俗易懂的方式向人们传递行为科学知识的同时，也能够保留学术研究的严肃性。杰兹将高深的学术原理翻译成门外汉也能看懂的语言，以及将案例研究演绎为奇闻逸事，其工作成果让人不禁拍案叫绝。只在一瞬间，人们就完成了对日常生活中行为偏见的认知。

通过培训，你可以让每个人都获得在工作中应用行为科学的能力。借助与现实世界相关的案例研究和可理解的语言，你可以展示如何在企业中实际应用这些原理，使人们更好地完成工作，并帮助企业提升客户体验。行为科学适用于所有类型的企业，包括有刑事司法服务的企业。

利用行为科学减少再次犯罪

一旦一个人因犯罪入狱，他再次犯罪入狱的可能性就会增大。事实上，那些被判刑期限不足一年的人中，63%的人在获释后的当年会再次犯罪（英国监狱改革基金会，2018）。这是监狱制度未能改造罪犯的表现。为了让这类人做出改变，慈善机构和组织开展了一个旨在帮助处于缓刑期的人的项目，项目被命名为"减少再犯罪伙伴关系"。

因格乌斯（Ingeus）是一家私营供应商，其服务内容是提供合作伙伴。前罪犯，也就是所谓的服务使用者，会依靠因格乌斯的团队来帮助他们在改过自新过程中不偏离正轨，与他们的案件管理者缔结约定，并成功回归社区。怎样利用行为科学为这些服务使用者创造更好的体验，防止其再次犯罪，从而远离监狱呢？

利用行为科学改善服务使用者体验

伊恩·吉布森是因格乌斯一位经验丰富的主管，他认为将行为科学引入公司团队提供的这项服务，对雇员和服务使用者都很有价值。如果贝壳公司团队被请来设计"助推"，同时也能让因格乌斯的雇员自己有能力做点儿什么，那么就可以通过将行为科学植入组织来改变整个体验。

为了更好地了解缓刑期的世界，贝壳公司团队的工作从旁听因格乌斯和他们的服务使用者之间的电话开始。在听了一系列对话之后，贝壳公司团队发现用户似乎可以分为两种类型。一类是顺从型的犯罪人员，他们对自己的罪行感到后悔，用尽全力想要回到正轨上来。如果这类人没能与他们的案例管理者达成约定，他们会主动打电话给服务中心要求重新组合。

另一类则是那些连续犯罪的人员，他们将服务用户作为自己身份的一部分。他们并不想参与因格乌斯提供的有益服务中，所以他们在谈话中具有进攻性。贝壳公司团队清楚地认识到，他们有能力从根本上改变用户体验，所以开始重新设计信件和对话，来同时改善因格乌斯雇员和服务用户的体验。

更好的信件

对于很多服务使用者，缔结约定是他们获得缓刑令的必要条件。然而，他们收到的告知其有关约定情况的信件，并没有为他们打下良好的基础。

亲爱的×××:

抄送：××××项目

您已经获得假释，条件是参加××××项目。您必须参加这一项目，因为这是您获得假释令的条件。

您受邀于×日×时到×地出席项目活动。该活动将会每×日举办一次。

如果您未能参加，您将被投诉给您的缓刑监督官，他可能因您违反了假释令将您送回法庭。

> 　　如有任何困难或对参与项目情况有不明之处，请直接致电
> ×××××与项目组联络。
> 　　我们期待在×日×时见到您。我们希望您觉得这个项目是有
> 益的，是值得的。
>
> 　　　　　　　　　　　　　　　　　　您真诚的，项目经理

　　信件中没有突出约定最重要的细节，比如时间和地点。这封信也不能提高服务使用者恪守承诺前去赴约的概率。相反，服务使用者被告知他们是"被邀请赴约"，这使得赴约似乎成为一个可选项。

　　贝壳公司团队运用行为科学的原理，重新设计了这封信，其内容如下：

> 亲爱的×（姓氏）先生/女士：
>
> **帮您建立更好的社会关系项目组**
>
> 　　我们很高兴地通知您，作为您假释令的一部分，您已经登记进入"帮您建立更好的社会关系项目组"。
>
>
> **我的下一次约会**
> ×××的约会
> ×年×月×日×时
> 现在就记下来吧！

出席这次活动对您非常重要，这样您就不会失去您已经取得的进步，也不会有违反假释令或进入召回程序的风险。如果您不能参加这次预约，或者对这封信有任何疑问，请联系我们的客户支持顾问，他们将很乐意为您提供帮助。联系电话为：

免费客户服务热线：0800-200-6565

（周一至周四：上午8:30至下午6:00；周五：上午8:30至下午5:00）

我们希望能在×日×时见到您。项目活动将每×日举行一次。希望您感到该项目对您是有益的，是值得参与的。

您真诚的，项目引导员

新版的信件利用了多种行为科学的原理，来"助推"服务使用者前来参加约定的活动。服务使用者被告知他们已经被登记参加该项目，这就将他们参加约定的活动设置成了一个强大的默认项。信中使用了物主代词短语，如"帮您建立更好的社会关系项目"和"我的下次约会"来增强服务使用者对计划项目的归属感，让他们更加珍视这一项目（Kahneman，Knetsch和Thaler，1991）。

约会的细节用一个格子做了突出处理，并且在这个格子里，鼓励服务使用者现在就记到自己的日记本里，来增加他们遵守承诺参会的可能性。信件在最后给出了要求他们出席的原因："这样您就不会失去您已经取得的进步，也不会有

117

违反假释令或进入召回程序的风险。"这是因为在给出一个理由时，服务使用者更可能按照要求去做（Langer，Blank和Chanowitz，1978）。这些"助推"的共同作用，使得服务使用者更容易遵照假释令的要求来参加强制性的约定活动。

更好的对话

在重新设计信件的同时，贝壳公司团队改写了因格乌斯客服中心的电话来访对话脚本来提高首次来电签约率。换句话说，对话内容被重新调整，好让服务使用者在第一次打进电话时得到他们想要的信息。

电话互动的开始部分是整体体验的关键决定性因素。在学术著作中这种现象被称为首因效应，但是即使毫无行为科学背景的人，也能对这个概念有一个直觉的理解。用外行人的话来说，人们普遍认为第一印象很重要。虽然这一理解算是原理的简化版，但这种理解水平已经足够在企业中应用了。

贝壳公司团队建议因格乌斯的雇员们在通话时首先说明自己的职业身份。不要像过去那样开头："您好，我是汤姆。我能帮您做点什么？"现在要这样开始："您好，我是汤姆，一位缓刑期顾问。我们可以从您的安全资料开始沟通吗？"表明职业身份能够赋予雇员权威感，意味着服务使用者将会更愿意相信他们，并遵从他们的指导。

以同样的方式，贝壳公司团队还建议因格乌斯的雇员们改进其电话结尾，给来电者留下一个积极的最终印象。所谓的近因效应，指你最后听到的事是你最后记住的事，这将会影响整体用户体验。一般来说，用"还能帮您做点什么吗？"来结束一通电话，服务使用者会礼貌地回答"没有了，谢谢"，因此这个电话结尾是消极的。相反，将其改进为"今天您打电话的所有需要都得到满足了吗？"更有可能从服务使用者那里得到"是的，谢谢您"的回答，因此这是以一个积极的语调结束的通话。

通过培训使因格乌斯的雇员们有能力自己应用行为科学

在完成这些干预措施的设计后，为了让因格乌斯的雇员们有能力自己应用行为科学，贝壳公司团队为其提供了专业水平的浸入式培训。这意味着，运用新学到的"助推"知识，因格乌斯的雇员们能够与贝壳公司团队一起，改善他们的行为解决方案。

有时候，当人们直接被经理告知去参加一个新的培训项目时，培训对他们毫无吸引力。人们还有其他比培训更要紧的事，而培训妨碍了他们完成自己的日常工作。因格乌斯团队的伊恩提出了一个独创性的"助推"机制来应对这一问题。为了得到此次培训项目的名额，雇员们被要求在一张A4纸的两面，就自己为什么应该被选中参加培训写一份个人声明。这份声明扮演了承诺机制的角色，因此对那些被选中参与培训的幸运儿起到了激励作用。另外，因为已经写明了自己是参加培训的最佳人选的所有原因，如果自己没有珍惜这次培训机会，那随后将会体验到认知失调的感觉。因此，被选中的人员在培训中都全情投入、表现优异。

每周3小时，被选中的人员都沉浸在行为科学的世界里。培训项目采取了混合式教学方式，集合了面对面互动、视

——— 术语解析

认知失调
因同时怀有两种互相冲突的信念所造成的不适的心理体验。

频、讨论和小组作业等手段。参加培训的人员领取家庭练习作业，并在一个社交平台上提交。其学习内容被分成了易于操作的单元。当人们知道其所学的知识将受到询问时，就会学得更好，所以培训的最后还安排了一次测试。

在一起学习了6周之后，因格乌斯公司内部组建了一个行为科学拥护者的社团。之后，他们可以在应用行为科学时互相支持。蕾切尔·坎宁安是因格乌斯一位质量评价经理，对于像她这样的人来说，此次培训是一次革命性的人生经历。她调动所学的全部新知识应用于自己的日常工作，之后又开始提倡在全公司进行应用。

向团队提供行为科学培训的诸多优点之一是培养出了共同语言。因格乌斯的团队自然比贝壳公司团队更了解自己的业务和问题，而贝壳公司团队更了解行为科学。通过培训和合作，双方开始建立起一个共同的语言体系。例如，如果杰兹解释如何在与服务使用者互动时创建一种体验，他们开始一起将其称

为"服务使用者体验"。或者，杰兹可能会解释心理学研究是如何揭示了一种被学术界称为"首因效应"的现象。然后作为一个群体，他们可能会谈论第一印象的重要性。一旦每个人都能使用这些共同的术语谈论行为科学，你就已经将学术界的庄重与通俗易懂的语言完美地结合在一起了。

实施干预措施后的良好效果

在完成了培训并实施了干预措施之后，来电签约率首次上升了103.54%，并且因为因格乌斯团队体现了公司价值，还被授予了一个内部奖项。在奖项鼓舞了雇员的同时，首次来电签约率的提升最终改善了服务使用者的体验。通过将学术理论转化成实用工具，同时用听得懂的语言将行为科学相关知识教给人们，贝壳公司团队得以与因格乌斯公司开展合作，重新设计信件和对话，让该公司团队的工作更加轻松，让服务使用者得以更顺利地重回正轨。

最终，你可以给所有人赋能，让其能够使用行为科学将周围的世界变得更加美好。毕竟，行为科学不像火箭科学那样高深。

你该怎么做：
对组织进行行为科学培训的工具包

一个人唱独角戏，再努力去应用行为科学也走不了多远。不论早晚，你都需要去提高同事的技能，这样他们才有能力去支持你。首先，在付费购买市场上的培训课程之前，优先使用网上丰富的免费资源。你的最终目标应该是聘请一位行为科学专家，为你提供适合你所在行业的内部培训。

你选择把这些内部培训机会给谁呢？首先，确认那些天生对这个话题感兴趣并主动选择去学习的人。这些最先接受培训的人将成为行为科学的倡导者，并激励其同事在行为科学开始向组织的其他部门渗透时，去寻求培训机会。

工具25　利用免费资源

那些刚刚开启行为科学之旅的人，会发现一个内容丰富的免费资源库——TED网站，上面有丹·艾瑞里、塔莉·沙罗特和丹尼尔·卡尼曼等人的精彩演讲。

工具26　搜索市场课程

如果你想要更加系统化的学习，有一系列适合不同行业和预算的付费课程。比如，罗里·萨瑟兰讲授的行为科学入门及其主要概念，其网上学习课程包括42节课程。对于那些从事市场营销的人来说，思维学院（Mindworx Academy）有一个认证课程，包含7.5小时的在线视频教学内容，概述了与消费者心理学相关的原理。对于面对面的培训，Coglode网站[①]可以提供一个为期一天的充满活力的行为科学入门课程，为人们将行为科学知识应用于工作场所提供工具。

工具27 聘请一位行为科学专家

为了在一个组织内植入行为科学并使其繁荣发展，最终需要聘请专家来进行内部培训。理想的状态是，这些受聘的专家不仅仅是行为科学专家，并且对你所在的行业非常熟悉。这样一来，他们能够为你提供定制化的培训。

对于毕业生招聘来说，现在有很多大学开设了行为科学研究生课程，能够为企业供应精通行为科学的毕业生。例如，英国华威大学、英国巴斯大学、英国伦敦经济学院、英国伦敦大学学院和英国伦敦城市大学的行为学教育都是受到公认的，你可以到这些学校招聘毕业生。或者，你也可以通过猎头聘用那些有多年行为科学实践经验的人。

---

① Coglode是一个致力于免费的人类消费数据研究分析的平台。——编者注

第十章

改变电话脚本使
人们存更多钱
——英国

测量应该测量的结果，

而不是最容易测量的输出值

就像约克夏布丁[1]、求婚、打进致胜一球所表达的道理，"时机就是一切"。杰兹早已认识到这一古老寓言对于在企业中采取行为科学干预措施同样适用。西蒙·古里福德，是杰兹自己创立公司的一位董事会成员，也是一个实干家。有一次，他问杰兹在企业中进行行为科学实验的理想时长是多久。

杰兹开口时带着辩论的意味："那要看环境、干预措施的性质，还有项目的整体路线图。"

"也许是吧，"西蒙回应道，"但是我认为这要归结为一些更基本的东西。"作为一个在私营部门工作了超过30年的企业战略专家，西蒙深知组织中的每个项目都是由一个主办人推动的。这位主办人在季度会议上向董事会推介项目，在几分钟内就得让董事会产生兴趣。在下次季度会议上，董事会希望这位主办人能够就这个项目进行汇报。如果汇报是成功的，那么项

---

[1] 约克夏布丁是英国传统美食，制作时小烤模的温度一定要够热，这是制作这道美食的关键。——编者注

目将会继续存活下去。如果其前景不明朗，项目就有夭折的风险。这些管理因素意味着，一个行为科学项目如果想要获得发展动力，在前3个月获得一个证据至关重要，也就是说你的实验得有一个6～8周的时间表。

对于一个应用行为科学的主办人来说，这个窄窄的时间窗口会带来相当大的压力。在有限的时间内，你需要用行为科学的优点说服一个组织。

更可怕的是，研究表明，即使人们已经意识到自己的认知偏见，也不意味着他们不容易受到这些偏见的影响（Hansen等，2014）。特别是当你的大脑想要储存能量时，这一点尤其明显。正因为如此，人类的大脑被称为"认知吝啬鬼"（Stanovich，2009）。正如吝啬者对金钱抠门一样，我们的大脑天性懒惰，倾向于避免消耗认知能量。所以，当大脑资源不足时，我们就会倾向于走心理捷径。

当你在组织内开展一项行为科学实验时，焦虑、兴奋或疲惫这些情绪你都可能会遇到，于是你的大脑就会做出最简单的选择。这意味着，当选择测量你的干预措施是否成功的方式时，你可能会倾向于测量最方便的结果，而不是去测量那些关于你的干预效果最具代表性、最准确和最有用的描述。

有两股力量推动着你去选择快捷的方式和方便的选项：一是由董事会管理因素造成的与时间竞速；二是大脑寻求问题简单解决办法的天然倾向。

在为富达投资^①开展实验时，杰兹第一次充分感受到这种诱惑。富达投资是一家从事储蓄和投资的企业，公司希望能够帮助他们的服务团队向客户推销多种多样的服务和产品。不过，强行推销不符合富达投资的企业文化，所以公司想看看行为科学如何能够以一种帮助而不是牵制客户的方式做到这一点。到了要衡量他们的干预措施是否成功时，杰兹感受到了"走捷径"的诱惑。然而，这样做并不能很好地衡量富达投资的最终目标。杰兹及其团队战胜了内心的认知吝啬鬼，花费了更多的测量时间，最终测量出了准确的结果。

将交易性来电转换成关系性来电

如果客户想告知投资公司他搬进了一所新房子，需要告知投资公司客服中心打电话。这种电话有可能让人感觉像是一场交易：与客户在电话里亲切交谈的员工为其在系统上更新地址，并机械性地祝客户今天愉快。这种类型的互动错失了为客户创造价值和与客户建立关系的机会。

---

① 本文中所提富达投资指富达投资英国分支机构。——编者注

帮助客户用好他们的ISA账户①限额

每年，英国的每个成年人可以在一个利息免税的储蓄账户中存入最高20000英镑，这个账户被称为ISA账户。这一政策的截止日期是每年4月5日。富达投资想要利用行为科学帮助他们的客户使用时间提醒业务，利用好这一机会。对于类似有截止日期的产品或服务，在适当的时间节点发送提醒信息至关重要。

旁听了富达投资与客户的一些电话交谈后，在贝壳公司团队看来，人们似乎并没有意识到ISA账户限额带来的税收优惠，也没有意识到即将到来的截止期限。这样他们就有机会为富达投资和其客户创造一种互惠互利的关系：富达投资可以通过告知客户这个能够带来税收优惠机会，同时增加客户在富达投资的投资金额。

在利用行为科学重新组织电话脚本之前，富达投资的雇员在向客户推荐一个解决方案时会感到很尴尬。通常情况下，当一家公司在电话中试图追加销售时，会给客户一种违反互惠原则的感觉——你打电话去修改自己的地址，却听到一套推销行话。如果你有过类似经历，就会知道这种谈话是多么令人失望。正因如此，富达投资希望将交易性电话转变为帮助客户的

---

① ISA账户的全称是Individual Savings Account，这是一种专门的储蓄账户。——编者注

机会。

这种转变可能会带来尴尬。如果他们试着这样说："既然我们在通话，那您有兴趣将一些闲钱投入到您的ISA账户吗？"这种谈话感觉是临时给客户增加了一件事，与客户的问询毫无关系。因为感到尴尬，雇员们就不愿意去询问，而顾客永恒不变的消极反应，则让他们更不想去询问了。

了解到这一点之后，贝壳公司团队帮助富达投资将行为科学的原理融入了电话互动，将其从交易性对话转变为一种关系性对话。

"我相信您肯定知道，每个纳税年度您只能使用一个ISA账户，因为这个纳税年度很快就要到截止日期了，我想跟您确认一下您是否想在这个账户上投资一些钱？"

"如果在本纳税年度结束前，您选择不投资，4月6日后您会获得一个新的ISA限额。"

以"我相信您肯定知道"开头，通过暗示客户已经知情，这个新的说法会吸引客户的"自我"。这是对客户的一种奉承，让其感觉良好。迫近的截止日期，激活了客户的"稀缺性偏见"，意味着他们将更加珍视这一机会。为了符合商业道德，同时避免诱发客户用不是自己的钱投资，接下来对他们将会在4月6日获得新的限额这一信息进行强调，将稀缺性进行了中和。

通过将这一互动转变为富达投资帮助客户的方式，客户感觉到富达投资的雇员不是在推销产品，并感到彼此之间的关系更好了。当然，这样做也有间接好处，富达投资的投资产品得到了更多的投资。但是，行为科学对这些电话交流产生的影响该如何量化呢？

当你能够轻松测量一个输出值，为什么要等待长期结果?

在选择干预措施的最佳测量方式时，用中间输出值代替最后结果是很有诱惑力的。例如，如果你设计了一个对抗肥胖的干预措施，解决方案的一部分可能会包含通过走路增加运动量。

一个最便捷的测量方法就是计算每天的步数。你设计了一个逻辑路径来证明这个输出值——增加的步数将是一个良好的指标，代表了较高的整体活动水平和热量消耗，这将最终使你的体重减轻。

不过，有趣的是你倾向于用食物来补偿增加的运动量。你慢跑半小时，然后会用一块玛氏巧克力或晚餐时多加一份千层面来奖励自己。所以你的体重并没有什么变化，甚至还会增加，这丝毫不令人吃惊（Martin 等，2019）。因此，如果你测量的是像每天增加的步数这样的输出值，你可能会认为自己的干预措施生效了。如果你去测量最终的长期结果——体重，你会发现真实的情况，并认识到你的干预措施失败了。

同理，如果你开展了一次营销活动，并将客户获取量这种输出值作为测量指标，你可能得出活动成功的结论。但这次活动从长期来看，可能会对顾客的终身价值产生灾难性的影响，这才是活动最终的成果。这种情况就发生在了某个零售银行的市场主管身上。他想获得更多的往来账户，所以开展了一次营销活动，从竞争对手那里抢夺了市场份额。在短期内他确实获得了成功，占据了往来账户的主要市场地位。一年之后，这位市场主管遇到竞争对手银行的市场主管们，对方的热情让他感到很吃惊。

"感谢你过去一年为我们做的工作。"竞争对手银行的市场主管说。

看到他疑惑的表情，市场主管接着说："我们有很多无利可图的客户，你很好心地把他们从我们手上拿走了。"他太短视了，因为无法理解营销活动的最终成果，只测量了中间输出值。

测量结果与测量输出值的对决

对于富达投资，干预措施的最终成果是因为改进电话脚本带来的投资账户存款额增加，但这一成果非常难以测量。

大型组织常常有这样的情况，原有的系统之间数据无法共享。例如，客服中心的数据可能被保存在英国伦敦的办公室，交易数据却存放在印度孟买，而组织的总部设在加拿大多伦多。这使得将这些分散点联系起来，推断出一通电话对话对客户账户上的存款数额的直接影响非常困难。

另外，在同一时段，有无数的其他因素，如营销活动、技术升级和整体金融市场情况等，这些因素也会影响到投资额，这使得将一项成果归功于你的干预措施变得很棘手。这些学者所说的混杂变量，可以在实验室试验中得到控制，但是在现实世界中进行干预时，却很难进行解释。

术语解析

混杂变量
对于一个实验的结果有隐藏影响的因素。

从另一方面来说，测量输出值则容易得多。在这个案例中，测量输出值就是在电话交谈后，向表达想要更多了解ISA账户信息的顾客发出的信息包的数量。由于时间限制和认知吝啬，这一输出值被用于测量干预措施的成功与否。在5周时间里，两组各5名富达投资员工进行了一一对比，与期待相反，控制组向客户发出的信息包的数量明显更高，试验组的数据仅少量增加。干预措施与设计效果相反！这可能会导致行为科学在富达投资的应用被判"死刑"。

虽然杰兹对这些结果感到很失望，但是他还是在富达投资董事会的季度会议上准时进行了汇报，并恳求给予更多的资源来研究长期的结果。他解释说，有时候测量简单的输出值，避免代价高昂的结果测量任务，是很有诱惑力的。尽管花费了更多的时间来定量测量，且将结果归功于一项具体的干预措施也很困难，他还是完成了这个用调查研究的方法来测量最终结果的案例。

一个成功的结果

这是一次复杂的操作。为了排除上文中提到的混淆变量的影响，并将客户档案和他们的来电与过去3个月所有的交易联系起来，研究工作被外包给他们位于亚洲的信息技术中心，进行了为期6个月的分析。这种做法能够保证两个组除了干预措施之外，都处在同样条件下。这一额外的分析是有代价的，但为了测量出准确的结果是值得的。

在紧张地等待结果的过程中，随后的季度会议上大家对此事绝口不提。但最后每个人的耐心都得到了回报。最终数据揭示了一个重要的结果：新电话脚本使公司管理下的资产增加了103.15%。换句话说，新电话脚本使富达投资管理的资金增加了一倍多。

尽管花费了比预期更长的时间，但额外的时间和成本都得到了回报。有了这个无可辩驳的证据在手，富达投资现在可以自信地从概念证明阶段向在公司内进行大规模干预阶段进发。2018年5月，当新版《通用数据保护条例》颁布时，贝壳公司团队帮助富达投资做了很多获奖项目，目前行为科学已经越来越深入到富达投资的各个方面。

你该怎么做：
帮助你测量真正的结果的工具包

工具28　测量真正的结果——挑战你内在的认知吝啬鬼

虽然去测量那些你曾经测量过的，或者容易被测量的值很有诱惑力，但是你还是要问问自己：这一干预措施最重要的成果是什么？对你内心的认知吝啬鬼，你大脑里想要选择最畅通无阻的路线的懒惰部分发起挑战吧，去测量与输出值相悖的真正的结果。虽然这常常会耗费更多的时间和金钱，但如果你想要评价你的干预措施是否真的成功，去测量最终的结果就是值得的。

一旦通过这种方式获得了几个引人注目的证据，你就不再需要继续过度去测量其他干预措施了。因为你已经完成了一个试验，并证明了行为科学在多个领域应用的有效性，就不需要把本可以用在其他地方的资金投在继续测量上。

工具29　保持成果简单——计算成本

每个企业都是不同的、独一无二的和复杂的。不过，所有企业都有一个共同的特点，那就是想吸引客户。一旦企业吸引到了客户，就会想要维系住他们。而一旦企业维系住了客户，其就会想扩大客户基础。这个关于企业的真相意味着，如果你想要在你的组织内部展示行为科学的价值，最适宜的最终结果测量值可以是吸引一位客户的成本、维系一位客户的成本，以及增加客户数量的成本。

最简单的计算方式是用干预措施的总成本除以客户的数量。如果能证明你的方法降低了这一成本，那么你就得到了一个一流的企业案例来争取未来的投资。

工具30　对情绪起伏要有心理准备

人的行为是非常复杂的，并且与环境高度相关，所以不要认为你会立刻得到想要的结果。本章案例是杰兹在富达投资的第一个项目，获得这个积极的证据的过程颇为曲折。因此，杰兹为了这个项目的成果投入巨大，但他从没有想过可能会一无所获。

当遇到了类似的障碍，你需要坚持不懈，哪怕这意味着需要在实施过程中改变测量方法。对这一过程中的情绪起伏你要有所预见，并准备好迎接意外的到来。

第十一章

设计符合
道德标准的"助推"
——苏格兰

选择结构中立化与
"助推"的道德标准

《助推：如何做出有关健康、财富与幸福的最佳决策》一书于2008年出版后，很多企业开始试验性地采用行为科学来为诸多利害关系人创造积极的改变。如果助推理论早几十年进入大众视野，也许会是另外一番景象。

1970年，米尔顿·弗里德曼[①]有一则著名的论断，即企业应该"在符合社会基本规则的基础上，尽可能地多赚钱"（Friedman，1970）。在随后的几十年间，企业会议室中的普遍气氛是不惜一切代价使股东权益最大化。如果助推理论的流行恰好与1995年的互联网行业快速发展同时发生，"助推"的设计很可能只是为了实现这一压倒一切的目标，而对助推理论的其他重要用途就会造成损害。

然而21世纪到来之后，企业价值观发生了切实转变。2008年全球经济危机进一步推动了这一趋势。企业现在把宗旨作为其指路明灯，而不再是简单地想方设法去赚取尽可能多的

---

① 米尔顿·弗里德曼，美国著名经济学家，1976年诺贝尔经济学奖获得者。——编者注

钱（Accenture，2018）。巧合的是，当企业开始将利害关系人的价值置于股东价值之上时，助推理论进入了公众视野。助推理论出现在一个世界能够接受这个想法的时代——企业寻找以低成本的方式解决大问题的时代。该理论能够为人们创造更多价值，即通过让雇员做正确的事，为客户创造更好的体验，为股东创造更多的经济利益。

不幸的是，人们有一种误解，认为那些在私营部门工作的人使用助推理论改变客户行为是出于舞弊的目的。这种看法并非空穴来风。在20世纪80、90年代，一些企业做决策时由于信息不全，没有将其利害关系人考虑在内；一些企业会使用心理学销售技巧来利用客户的弱点，比如把抵押贷款推销给无力偿还的人。无论如何，利用行为科学改变客户行为，并获得短期经济收益是可能的，但这是一种不可持续的商业策略。这会破坏企业与客户的关系，也让员工感到企业不诚实。

尽管行为科学明显可能被用于剥削客户，但助推理论也可以被用于为客户创造长期价值。没有行为科学，企业往往会以技术理性的思维方式设计客户体验，很少考虑人们实际上是如何思考和行动的。考虑到这些情况，行为科学可以用来消除那些阻碍人们为自己做出最好决策的消极型认知摩擦。然后，积极型认知摩擦可以被添加到选择结构中，这样人们就被赋予了做出更好决策的能力。

正如认知摩擦可以以消极的方式用于消耗人们的精力、减缓思考过程，也可以被以积极的方式使用。例如，那些赌博的人在狂热的氛围中会做出糟糕的财务决定，通过在他们赌博时增加积极的认知摩擦，比如时间延迟，可以促使他们做出更理性的决定。这样一来，助推理论就可以被用来为客户创造真正的价值。

凯斯·桑斯坦指出，不道德的一面并不是"助推"本身固有的（Sunstein，2015）。在人们做出的每一个决定中，都不可避免地具有某种选择结构。例如，你仔细阅读每家餐馆的菜单，都有一个选择结构。你是被"助推"去选择最昂贵的葡萄酒，还是最健康的主菜，或是厨师推荐菜品，都取决于设计菜单的人。因此，"助推"道德与否取决于执行人的品行。如果你接受过培训，了解具有道德"助推"的特征，把遵规守纪放在优先位置，将企业价值观作为道德目标，那么行为科学就能够被以合乎道德的方式加以运用。

当杰兹和贝壳公司团队开始与投资企业英国标准人寿保险公司（以下简称"标准人寿"）合作应用行为科学时，采用同时能够帮助企业股东和利害关系人的方式就显得非常重要。但"助推"怎样才能不仅帮助标准人寿的股东，也能帮助到客户和雇员呢？

从电话到屏幕：帮客户找到最优选择

屏幕无处不在。从餐馆到超市再到银行，我们都期待通过一块屏幕与企业互动。那些在这些科技中成长起来的数字时代原住民，对此感觉很自然。但对于老一代人，通过屏幕交流则就像说一门新外语。拿起电话，用这种熟悉的方式与一家公司交流，会让他们感觉更舒适。

对于像标准人寿这样的公司来说，维护一个客服中心，培训乐于助人的员工，并支付其薪水，比建设并维护一个网站成本要高得多。因此，鼓励客户使用数字平台与公司联系，而不是通过电话交流，对企业有明显的成本效益。虽然这种方式在短期内能够为企业省钱，将股东利益最大化了，但从长期来看这样做肯定会损害利害关系人的利益。

固有偏向选择结构

在标准人寿，当遇到养老金减少的情况时有两个求助选项：一是给客服中心打电话寻求帮助，此项服务的年费为495英镑，二是上网免费处理。虽然有些客户乐于为电话服务付费，但是因为竞争对手提供免费的电话服务，所以标准人寿也决定这样做。

在免除电话服务收费后，标准人寿曾担心这会导致大量的电话呼入。在涉及价格的问题时，"0"是个很特别的数字。所谓免费的力量，即已经经过证明，我们会受到免费的东西无理性地吸引（Shampanier，Mazar和Ariely，2007）。这里出现了一个机会——运用行为科学将一些人决定使用电话服务的偏见最小化，帮助他们做出自己的最优选择。

当客户在做决策时，为了有效地对选项进行权衡，需要对两种选择的收益都有所了解。对于许多人来说，数字服务可能是更好的选择，但电话服务免费这一事实可能对他们造成了不合理的影响。因此，如果客户听了下面的话，可能会不自觉地偏向使用电话。

"我们495英镑的电话服务年费现在取消了。或者您也可以上网自己设置，同样是免费的。"

这样一来，那些之前使用在线选项的客户，可能也会受到免费的影响，因为感觉很划算，所以开始选择使用电话选项。同样，那些本就习惯于使用电话服务的客户，也会被吸引而保持现状。因为电话服务一直很好，他们也就没有意愿去尝试数字服务，而且更好的是，他们喜欢的电话服务现在免费了。

平衡选择结构

为了使选择结构尽可能中立，让客户可以自主选择，在告知价格变动的同时，需要向客户说明两种选择各自的优势。

电话服务耗时更长。电话服务包含了两次长达45分钟的通话，目的是保证客户做出了正确的财务决策，其中很长时间被用来大声朗读管理条例。

另一方面，使用网上服务速度更快也更加灵活。对于那些选择阅读规章的人，网上服务可以让他们用自己的速度在几个小时甚至数周内完成这一程序。他们可以将这个流程分成几部分，花些时间深入思考他们的选择。

为了让习惯使用电话服务的客户打消疑虑，使他们相信网上服务也可能会适合他们，应该这样对他们说："根据与像您这样的客户打交道的经验，我们向您保证这个系统可以帮助您做出决策。"对于那些没有信心从电话服务转向网上服务的客户，提及其他客户是一个鼓励他们尝试网上服务的有效方式。

通过向客户解释两个选项的相对优势，两个选项呈现出更加中立的选择结构，让人们能够根据自己的相对优势做出选择。无疑，一些客户更适合电话服务——那些发现网站页面很难阅读或人的声音能给他们带来安慰的客户。

对于其他人，这是尝试一个他们可能更加喜欢的新的服务方式的机会。选择网上服务可以让他们根据自己的喜好确定时长，能够完全控制整个流程，还可以帮助标准人寿节省成本。

明确"助推"的道德边界

正如标准人寿的例子所展示的，助推理论可以为客户创造价值的同时，也为企业创造价值。这种互利互惠可以同时为股东和利害关系人创造长期价值。

那些选择设计不道德"助推"的企业，在为他们的股东创造价值时，对其利害关系人造成了伤害。然而，这并不是无法察觉到的。任何人如果发现了不道德的"助推"，或者做了称为"黑色模式"①的行为，都可以登录网站，在Darkpatterns.org网站上指名道姓地谴责这种罪行。例如，瑞安航空公司就因为不道德地使用默认项，遭到了曝光。客户在购买机票时，默认选择购买旅行保险，而选择不购买旅行保险的勾选框，则藏在一个下拉菜单里（Willis，2013）。这种对不道德"助推"的曝光就像是一道闪电，打消了其他公司犯同样错误的念头。

学术机构要求行为科学家必须通过伦理委员会设立的一系列限制，以确保他们的实验参与者中没有人受到不道德的操纵。虽然私营部门没有类似的伦理委员会，但也不要误认为这意味着他们不需要考虑道德问题。相反，在每个私营企业内部都有一个风险合规团队，他们遵循与学术伦理委员会类似的流程。这意味着在保护组织免遭风险的同时，客户也会受到公平的对待。

只有确保你的"助推"是公平透明的，并与你的价值观一致，你才可以自豪地将行为科学原理植入到你的企业中。此外，你还能检查你的方法是否符合行业特别监管指南中对如何使用行为科学的规定。英国金融市场行为监管局、英国竞争及市场管理局和英国燃气与电力市场办公室都发布了相应的指

---

① "黑色模式"原文为dark patterns，被用来指代各类反复出现的糟糕的解决办法。——编者注

南，所以你应该了解他们对你所在行业应用行为科学的立场。

随着行为科学被越来越多的企业应用，有必要就"助推"的道德问题展开一场持续而公开的辩论。当我们在应用行为科学时，遵循一个简单的经验法则，停下来想一想：是否为我的利害关系人和股东都创造了价值？如果答案是确定的话，你可以放心，你已经创造了互惠互利和合乎道德的"助推"。

你该怎么做：
设计互惠互利且合乎道德的"助推"工具包

为评价你的"助推"是否道德，可以问自己3个层面的问题。首先问自己：此次"助推"是否符合你个人的道德标准？其次思考此次"助推"与你公司的文化是否相符：此次"助推"是否符合公司的道德标准？最后，从监管者的角度思考：此次"助推"是否符合更大范围的市场道德标准？

工具31 "助推"是否符合你个人的道德标准

谁是你的"助推"对象？试着站在他们的角度问自己以下几个问题：如果这个"助推"措施使你很难为自己做出最好的决策，或者使你很难避免购买一些你不想要的东西，你会做何感想？你的选择被限制了吗？还是你的选择被以某种方式进行了设计，从而阻止了你去选择吗？你被不真实的"助推"误导了吗？或者你被隐瞒了部分信息吗？如果你对其中任何一个问题的回答是肯定的，那就应该重新返工设计。

如果你对所有问题的回答都是否定的，那么你的"助推"措施与你个人的道德标准是相符的。"助推"绝不能限制人们的选择，并且设计的选项必须能让人们自由选择。"助推"措施应该使人们能够轻松选择不同的选项，并且默认"同意"应该让选择人完全知情。"助推"措施必须建立在真实信息的基础上，并且不得隐瞒信息。如果你不想在你的职业生涯中一直鼓励人们去做他们不想做的事，那你很可能从直觉上赞同所有这些想法。正如杰兹所说，他想做的是那些能够开心地跟妈妈讲起的工作。

工具32 "助推"是否符合公司的道德标准

在你核实了"助推"措施与你个人的道德标准相符之后，还需要思考的是，其是否与你所在组织的道德标准相符。你的干预措施是否能够平衡客户和公司利益？你的组织乐于达到什么样的平衡状态？

值得庆幸的是，这种存在于私营企业中的控制措施强制要求在干预措施被签署实施之前，对其应用的道德问题进行考量。安排一次管理会议，与风险合规团队共同研究过干预措施的心理遵从性之后,你的"助推"措施就等同于经过了伦理委员会的审查。要在实施干预措施之前,召开这样的会议,仔细审查"助推"可能产生的后果。在实施干预之后,你应该对预期中和意外的短期和中期影响进行识别。

工具33 "助推"是否符合更大范围市场的道德标准

最后,检验应用行为科学的方法是否与你开展经营活动的市场的道德标准相适应。这些标准是由多个组织发布的,比如英国金融市场行为监管局、英国燃气与电力市场办公室、英国竞争及市场管理局、英国垄断与合并委员会等。这些标准为监管机构和应用行为科学的实践者提供了一种共同语言,这意味着双方可以就"助推"的道德问题进行公开透明的对话。

第十二章

转换客户的价值主张
——英国

利用行为科学动员多学科团队

1961年，当约翰·肯尼迪第一次访问美国国家航空航天局（NASA）时，他与一位清洁工进行了对话。总统先生问他在做什么。

"总统先生，"清洁工回答道，"我在帮助团队将一个人送上月球。"

清洁工明白，即使是拖地这样看起来不重要的工作，也是在为一个宏伟的事业做贡献。即使是规模逊于登月的大项目，也需要由不同专业领域人员组成的团队。仅靠一个人的知识和技能，很难全面解决一个复杂的问题。这对于宇航员和行为科学家是一样的。准确地说，你必须得将一系列专业人才集合到一个团队中，利用每个人的相对优势来共同解决问题。

将多个学科的人才集中在一起，通过头脑风暴形成创意是一回事，让大家共同工作并将这些创意落地却是另外一回事。集合团队创造有趣的点子很容易，但是如果不能开花结果，这些点子就毫无价值。你肯定有这样一位经常在聚会上分享商业理念的朋友，但因为缺乏对理念的执行能力，这些绝妙的计划很快就被置之脑后了。因此，一旦你有了一个在你的企业中应用行为科学的创意，就需要动员一个团队将其执行下去。然而，集合一个多学科的团队大规模执行创意很具挑战性。

应用行为科学仍处在新兴阶段，所以尚且没有很多精通其应用的人。这意味着行为科学的团队常常很小，只有几名专家去了解行为问题、设计解决方案并开展实验，反而使得这项工作十分高效。

虽然这种方式具有完全的控制权，但在解决大型全球化公司的问题时，却不能将团队等比例放大。乐购是英国一家跨国零售公司，雇员多达45万人，年销售额高达569亿英镑（乐购，2019）。乐购的企业价值定位或者说是顾客之所以选择在乐购购物，而不选择其竞争对手的原因，是将整个组织的雇员都包含在内的。对于杰兹和贝壳公司团队来说，在帮助乐购解决某一价值主张的问题时，将一大批利害关系人集合在一起，共同实现大规模转变是他们面临的挑战。

乐购在线商店的价值主张

乐购是英国最大的连锁超市，市场份额占27.6%（德国Statista统计数据，2019）。其有近7000家实体店，而便利的线上百货店，使其成为英国增长最快的销售渠道之一（英敏特①，2019）。面对像亚马逊生鲜这样的百货递送服务商和哈罗生鲜②这样的会员制送餐服务商的威胁，乐购需要将其线上服务的价值主张差异化，在留住现有客户的基础上，吸引新客户。

受到类似网飞（Netflix）等基于订阅的服务供应商的启发，乐购的定位是帮助常客提供省钱的送货上门服务，推出"省钱到家"（Delivery Saver）服务。新客户会获得一次免费试用服务，以鼓励他们成为正式会员。乐购希望运用行为科学，帮助客户在试用结束后仍然愿意继续享受"省钱到家"的实惠服务。

虽然"省钱到家"是一个看似简单的价值主张，其中却涉及了组织中的所有部门。市场营销团队负责将"省钱到家"活动告知客户，鼓励他们进行尝试，并且帮助他们成为正式用户。用户体验团队要关心客户从完成订单到货物递送之间在网站上的购物体验。送货上门的服务则由一组调度员进行计划，并由一队司机将客户的货物送到家门口。最后，如果客户订单上的某件商品漏掉了，客户将会给客服中心打电话寻求解决方案。

从客户第一次听说"送货到家"，到他们就购物体验给出反馈，整个过程涉及了大量的利害关系人。将来自不同部门的

---

① 英敏特是英国一家独立市场研究咨询公司。——编者注

② 原文为HelloFresh。——编者注

人员聚合在一起，使大家对这一问题达成共同的理解就成了一个挑战。这一组人不得不运用一个行为科学的工具包，来共同解决这个问题。在这个过程中，杰兹和他的团队运用行为科学的原理来增加组员的合作性、参与度和认同感。

向你的利害关系人送出"精选邀请函"

"省钱到家"项目是乐购展示应用行为科学力量的先期项目。因此，就其项目性质而言，参与其中的机会仅此一次。相对于数量充沛的物品或资源，稀缺的东西会让人们更加珍视（Cialdini，2001）。这意味着加入这个项目的机会在人们心中更有价值。用一种创新的方式，给予选定的一批人首先加入的机会，将会激励这些利害关系人积极加入。

将组织中的一位高层利害关系人吸入团队

我们更愿意信任某个领域权威人士的指导，而且所有人都会被权威的暗示所影响。例如，两个医生一个戴着听诊器，另一个没有戴，人们会更信任前者，因为听诊器暗示了他的专业能力（Jiwa，Millett，Meng和Hewitt，2012）。因此，为了赢得利害关系人对项目的信任，杰兹知道将一位乐购的高层吸入其中具有重要意义。时任乐购英国公司首席执行官的马特·戴维斯是"省钱到家"的活跃用户，他表现出了对该项目的强烈兴趣。这意味着其他利害关系人也会愿意加入该项目，更加投入地工作，并且对该项目的成功充满信心。

通过阐明共同目标创造凝聚力

从乐购这样一个巨型的组织中，如将一群人聚集在一起，其中一些人肯定从来没有见过对方，更谈不上一起工作过。人们都会根据环境来确认自己的社会群体，所以那些在市场部工作的人会认同市场部团队。同理，一个客服中心的管理者会认同运营团队。当认同不同组别的人第一次共同工作时，他们有可能缺乏相互合作的意愿。

具有开创性的罗伯斯山洞实验展示了这种群际行为的现象（Sherif，Harvey，White 和 Hood，1961）。当男孩儿们到达了罗伯斯山洞夏令营时，他们被随机分成老鹰和响尾蛇两个组。每个组都制定出一个共同的目标，之后在一系列的比赛中互相对抗。不久之后，两组组员就开始敌视对方。将人们随机分到两个组，并在两组之间制造竞争，就足以让两个组的成员产生矛盾。不过，当两个组必须为了实现同一个目标而共同工作时，这种矛盾很快就会消失。现实冲突理论展示了一个群际冲突的心理学模型，在将来自一个组织不同部门的人员聚合在一起时，能想到这一原理会很有用处。

⋯⋯⋯⋯ 术语解析

现实冲突理论
一个关于群际冲突的心理学模型。对稀缺资源的竞争导致了群体间产生敌意。

要注意到来自一个组织的不同职能部门的人，可能从来没有见过彼此，更没有一起工作过。为了增进团结，要强调他们的共同点，并赋予他们一个共同的目标。在本案例中，大家都是为了帮助乐购的"省钱到家"主张，用行为科学实现其转变。

获得对项目的承诺

为了共同策划一个行为解决方案，杰兹把27个利害关系人从乐购的市场、用户体验（User Experience，UX/UE）、数据和运营部门集合在一起，并询问每个人对项目的期待和担忧。

从本质上来说，这是一种让人们投入工作坊的简单方法，因为一旦我们对实现某个目标做出了口头或书面承诺，之后将更有可能按照与承诺一致的方式行动。所谓的承诺机制，即要求人们清楚说出他们的目标，这意味着他们更有可能去努力实现目标（Strecher 等，1995）。

例如，当杰兹问乐购团队的期待时，其中一个人说他希望能找到一个真正具有创新性的解决方案，另外一个人希望能够学到一些能运用到本职工作中的新技术。同时，他们的恐惧是担心其想出的创意成本太高或无法实施。一方面，在清楚地表明了他们对团队的期待和自己的目标之后，人们更有可能实现目标。而另一方面，确认了他们的恐惧，意味着某个或者某些适合的利害关系人可以安抚大家或为风险背书。

创造一个共同的行为科学"顿悟"

正如在第五章中所描述的那样，用一个测验来揭示人们的心理偏见和决策捷径是极有说服力的。用这样的方式开展工作坊，杰兹向27名利害关系人展示了他们是多么容易受到这些弱点的影响，并且展示了这些弱点在人群中是普遍存在的。当你已经举起了手时，承认这些测试问题展现了自己的弱点之后，每个人都很难再去否认这些行为科学原理的正确性。所谓"认知失调"（Festinger，1957），是因为人们发现很难同时抱有两种互相冲突的信念。在从乐购各部门将这个多样化的团队聚合在一起后，用这样一个测验开展工作坊，意味着房间里的所有人已经达成了共识。从一开始，他们就对使用行为科学作为工具持有了开放的态度。

对一个创意了解越多，人们就越喜欢它

从一开始就让乐购的最高决策者参与到这个项目过程中来是很重要的。通过让这些人参与初始创意的产生过程，意味着他们会更重视最终的创意。人们对事物越熟悉，就会越喜欢，这就是所谓的纯粹接触效应（Zajonc，1968）。同样，我们见一个人次数越多，就会越喜欢他，就像让人们重复听一首歌那样，让这些创意多次出现在最高决策者面前。因此，让乐购的

利害关系人中有权否决创意的那些人从创意产生之初就参与进来非常重要。

利用行为科学原理去动员一个多学科的团队

在工作坊开展之前，从乐购网站主页上的条幅广告到与客户沟通的电子邮件，贝壳公司团队在顾客的购物之旅中已经识别出了超过25个摩擦点。在"省钱到家"免费试用期即将结束时，客户会收到一封电子邮件，鼓励客户继续使用该平台，继

您的送货省钱计划

亲爱的阿特亚加先生：

我们很抱歉地通知您，您的"省钱到家"送货服务的免费试用期将于2016年7月25日到期。

为了保证您在试用期间充分享受我们的服务，再次提醒您关于免费送货的好处：

（1）在乐购百货下单金额超过40英镑，无限量免费送货；

（2）在乐购直销（Tesco Direct）网站购买F&F品牌服饰和家居用品，订单金额超过10英镑，免费送货（次日达）；

（3）酒类商品免费送货（次日达）。

如果您对试用期的服务感到满意，仅需每月2.5英镑，就可以享受"省钱到家"所有权益一整年。如果这笔预算超过了您的送货服务和网购送货费用，我们将会为您发放一张百货代金券，补上您的差价。我们保证，使用"省钱到家"服务，不会让您往外多掏一分钱。

点击"我的计划"，今天就成为我们的正式用户吧！

如需任何信息或有任何疑问，请与我们的客户服务团队联系，联系电话：0800-323-4040。

祝您好运！

"省钱到家"团队

而成为正式用户。

这封邮件中尽管包含了所有的必要信息，但其中存在的数个认知摩擦点阻碍了实现其主要目的：鼓励顾客从免费试用用户转换为正式用户。没有任何社会规范可以保证，顾客能够同样获得其他顾客从使用"省钱到家"服务中获得的好处。尽管邮件上有一辆货车的图片，但没有能体现出"省钱到家"的"无限量、高效、友好送货"的优点。更严重的是，"免费试用服务即将到期"的信息没有得到强调，所以客户并不着急成为正式用户。

在将包括上述在内的所有摩擦点呈现给利害关系人组成的大团队后，杰兹给了他们一个机会来解释这些问题的成因。例如，由于数据保护的原因，不可能去讨论其他顾客的行为，或者是他们无法改变内容管理系统，插入特定的用户数据。因为有相关的利害关系人在场，这意味着他们能够了解问题的根源，并确保他们的新创意是可行的。

优化后的邮件

在了解了心理学痛点之后，人们被分成了5个小组。杰兹确保每个小组的利害关系人都来自不同的学科，并要求每个小组解决客户购物过程中遇到的不同问题。利用新学到的行为科学知识，在对这一问题的共同认知的基础上，负责邮件的小组开始对邮件进行改写。

新邮件解决了旧版邮件中存在的所有问题。将免费试用期的结束设定为一个损失，并且在邮件顶部突出了"不要错过无限免费的送货服务"。损失对于人们的影响是等量收益的2.5倍（Kahneman和Tversky，1979），所以将免费试用期的结束设定为损失，是一个激励客户成为正式用户的有效方式。

为了向客户传达"省钱到家"的好处，使用一张亲切的女送货员的照片，将客户置身于正在接收货物的兴奋状态。另外，这位女送货员面带微笑。人类具有面部模仿能力（Finzi，2014），意思是当我们看到其他人咧着嘴笑的时候，我们会模仿出一个笑容，这意味着客户会对"省钱到家"主张的感觉更加积极。

省钱到家

不要错过无限免费的送货服务

"省钱到家"客户每年平均节约76.44英镑

亲爱的阿特亚加先生：

　　您为期30天的免费试用服务马上就要到期了。我们致信给您，是不想让您错过此次成为我们的正式用户、节约运费的机会。

正式用户花费	N次送货花费	您节省了
0英镑	**99.99英镑**	**99.99英镑**

您还有7天时间考虑是否继续省钱

　　全部订单送货上门，无须额外付费，"省钱到家"是您最简单的选择。选择最适合您的"省钱到家"吧，您将会获得以下福利：

百货类商品免费送货

乐购直销网络购物免费送货

乐购酒类商品免费送货

最后，图片中的女送货员正看着浅蓝色的不规则区域。从婴儿时期开始，人就有跟随其他人视觉焦点的能力（Farroni，Massaccesi，Pividori和Johnson，2004），所以我们的注意力会被引向另外一个人的视线方向。通过放上这张女送货员看向不规则区域的图片，读到邮件的客户的注意力将会被指向一个事实——"'省钱到家'的客户一年平均节省76.44英镑"。对这一省钱数额的强调，起到了社会规范的作用，向客户证实其他人正在从服务中获利。节省的金额精确到了便士，使得这一具体数额比整数更加可信（Malia，Lee，Wiley和Ames，2013）。

小调整，大收益

贝壳公司行为设计部门的负责人拉菲·玛奇，重新设计了这些元素，使这些变化成为现实。仅修改邮件一项转变就使免费试用用户向正式用户的数量上升了10.2%。作为这项转变的证明者，时任乐购英国首席执行官的马特·戴维斯作为一个"省钱到家"的客户，在收到新版邮件后，评价说新旧两封邮件之间简直有天壤之别。乐购的邮件与客户维护部门的主管乔治娅·托马斯以行为科学怎样被应用于"省钱到家"为主题，写了一个报告，这意味着所有参加了工作坊的利害关系人都能看到他们获得的成果。

从最开始的"作战计划"到最终报告，只有具有从整个乐购动员出一个多学科的团队的能力，才能完成一个如此大规模的项目。一些从来没有一起工作过的人，被从乐购各个部门抽调到一起，利用行为科学改变了"省钱到家"主张。在创造了一个方便大家携手完成共同目标的环境之后，乐购使用了一个行为科学工具包来交付转变的成果。因此，这也催生了另一个关于俱乐部会员卡的项目。由于其乐于创新的精神，乐购很快就成为英国最大的行为科学倡导者之一。

你该怎么做：
运用行为科学动员一个多学科团队的工具包

工具34　用稀缺性吸引参与者

相较于可以大量得到的东西，我们更加珍视稀缺的东西（Mittone和Savadori，2009）。这个道理对于经验和物品同样适用。如果参与应用行为科学创新项目的机会很稀缺，人们将会更有动力参与进来。

你有两种方式做到这一点。你可以与人们单独接洽，打动他的"自我"。向他们解释有一个好机会加入一个精选的8人小组，而你希望他能够参加。我们特别容易受到那些能够增强自我意识的话语的影响，所以这个方法可以用于激励那些不愿意主动出击的人。

另外，可以将这个参与机会告知所有人。你可以让每个人都知道在一个50人的团队中，有8个人可以进入一个创新项目，然后问谁愿意主动参加。这两种利用稀缺性的方法，都能够有效地激励人们参与项目。

工具35 获得权威信使的支持

鉴于我们都更倾向于更信任那些身居要职的人（Milgram，1963），所以从一开始，就必须邀请一位权威的利害关系人加入团队。你应该考虑那些能够为项目增加公信力，并能激励其他人员加入的人，这个人可以是部门经理，甚至可以是企业的首席执行官。

把他们作为信使并从其影响力中获得好处的方式，取决于他们必须付出的时间。你既可以让他们亲自参与，也可以让他们只在团队中挂名，甚至只提到他们对于这个项目或者项目成果感到非常激动，之后你将向他们进行汇报，这些都会很有影响力。以这种方式利用权威偏误，你的多学科团队将会对项目更加投入。

术语解析

权威偏误

我们会受到权威因素的影响，更愿意相信某个领域权威的指导，比如医生或律师。

工具36 获得对于参与度的坚定承诺

一旦我们对一件事做出承诺，不管多小，我们之后都更有可能继续投入其中（Staw，1976）。你可以运用一系列的承诺机制来动员和强化人们对于一个项目的参与度。在一个议事日程邀请上点击"参加"，就是这样一个承诺机制。我们在第四章中提到过，在工作坊开展时询问大家的希望和恐惧，在工作坊结束后给每个人分配任务，是另外一种寻求对于项目承诺的方式。在这些"助推"措施的共同作用下，你的团队将会在不知不觉中感到对工作坊的成果更加认可。

第十三章

提高工人手部卫生状况
——智利

诊断、设计与测量一次端对端的行为干预

带着时差造成的眩晕，杰兹爬上了一辆小巴车，离开了智利的圣地亚哥。他现在到达智利，此次的任务是开发一项行为干预措施，来提高食品加工厂工人的手部卫生状况。本质上来说，他的使命就是让工人们洗手。他本以为要去的是一家巧克力工厂，但通过他有限的西班牙语，从与来人的对话中了解到，这条路实际是通往一家农业工厂。被《欢乐糖果屋》这部电影勾起的童年美梦破碎了，他又回到了现实世界，他想自己也许要学习复杂的西蓝花加工过程了。

"您愿意去干区看一看吗？"客户满怀期待地问。

"当然。"杰兹回答说。

"那湿区呢？"她继续问。"可以的，去吧。"杰兹一边说，一边在心里想着西蓝花到底需要弄多湿。

"那么，您能进宰杀区吗？"天啊，杰兹想。他知道，从严格的生物学意义上来讲，西蓝花确实是生物，但他从来没有意识到他们必须要杀死它们。

当小巴车在一个位于沙漠中间、没有悬挂标识的仓库

旁边停下来时，杰兹稍微有点疑惑——他们来到了一家屠宰场。

"腌臜会诊"的重要性

为了将行为科学应用于现实世界，你必须要亲身体验开展干预的环境。尽管他们即将开展干预的地点毫无魅力可言，但挽起袖子置身其中还是至关重要的。杰兹将其称为"腌臜会诊"。

学术界和应用行为学领域都已经证实，干预措施结果的好坏高度取决于环境。一项干预措施可能在瑞士一家工厂有效提高了工人手部卫生水平，但可能会在其他国家工厂遭遇惨败。另外，亲自体验环境能让你迅速淘汰掉那些接下来肯定没法执行下去的创意。

本章案例是一个利用行为科学来提高生猪屠宰场工人手部卫生状况的故事。该案例遵循了在现实世界中实际应用行为科学时端对端的工作流程，集合了我们在前面章节中讲过的所有概念和原理。我们将向你展示怎样在行为科学理论的帮助下，诊断一个行为问题，怎样以一个行为改变框架为工具来设计一个解决方案。

对于助推理论的最佳应用，往往其干预措施是最简单的。回忆起来，那些符合极简主义的干预措施可能看起来很简单，但它们往往接受过无数次迭代，遭遇过很多死胡同。尽管显得很朴素，这些优雅的解决方案却是多面的，并且有很多活动部分，是理论、深入的思考和合作的产物。

如何使屠宰场工人愿意洗手？

杰兹正在与一个全球化卫生解决方案供应商合作，解决食品制造业工人不愿意洗手的问题。经由食品传播的疾病每年造成数千人死亡（疾病控制和预防中心，2014），其中有相当数量的疾病是通过手部污染传播的（世界卫生组织，2001）。恶劣的手部卫生状况是一个行为问题，杰兹承担了设计一项干预措施解决这一问题的任务。

与杰兹密切合作的是皮特·戴森，他是一位人类地理学家，做事务实，热爱铁人三项运动。

现场参观：一次行为审核

到达智利的第二天，杰兹和皮特参观了这家屠宰场。为了了解工人不正确洗手的原因，采访几位工人，并体验一下他们每天工作的环境很重要。在同意了参观干、湿区和宰杀区之后，杰兹和皮特穿上了全套的制服，就像是凶案现场调查员的衣服一样，制服包括雪白的靴子、白色连体工作服和白色巴拉克拉法帽①。制服穿好后只能看到彼此的眼睛，他们意识到这一定让同事之间的交流变得很困难。实际上，他们看到了工人们在借助手势彼此交谈。

　　这里的环境嘈杂而单调。参观一开始，高级管理人员就告诉杰兹和皮特，为了改善手部卫生状况，他们试过教育和改善个人态度的方法，但没有任何成效。生猪屠宰是一个劳动密集且噪声很大的过程，猪的身体滚过地板，产生了一种持续的轰隆隆的背景声。在这个震撼心灵的氛围中，有一个从头到脚穿着一身红的人，他有个恰当的名字叫"杀手"。他手持一把和杰兹的前臂一样长的刀，唯一的任务就是把刀插进猪体内，让血从尸体里流出来。当参观团从他的工位经过时，有些人的制服和脸上被溅上了猪血。很明显，日复一日地待在这样的环境中，可能会让员工对工作产生厌恶情绪。

　　到达休息区后，杰兹和皮特发现一些休息的工人在抽烟，有的在参加精心设计的乒乓球锦标赛。在翻译人员的帮助下，杰兹和皮特采访了其中一些人，发现工人懒于洗手的部分原因是因为时间有限。10分钟的休息时间会被用来聊天、抽烟或打乒乓球，最后他们冲去上厕所，然后再回去上班。一旦每个人都这样做，拥挤的洗手站就会让工人们的动作太匆忙，而不能够彻底清洁双手。没有什么能阻止工人们懒于洗手的行为，因

① 巴拉克拉法帽发源于克里米亚地区的巴拉克拉瓦。在克里米亚战争期间，由于气候寒冷，当地居民都带着这种帽子以保护脸和脖子不受寒冷和强风的侵袭。——编者注

为所有人的行为形成了一种社会规范，在这种规范中，简略的洗手是被接受的行为。

回到酒店后，杰兹和皮特回顾了这次参观之旅，他们把与高级管理人员和工人的交谈时得到的认识，以及从观察性审核中收集的信息结合在了一起。他们的干预措施必须是超越教育或态度的改变，其必须在嘈杂的并且通信受阻的环境中起效。此外，干预措施必须很容易地被插入有限的休息时间，克服现有洗手行为松懈的社会规范。

工作坊：设计干预措施

第二天，杰兹和皮特主持了一个工作坊，与客户一起研发干预措施的创意。在工作坊开展之前，杰兹和皮特已经确定了一个能够帮助诊断这一问题的行为科学理论。鉴于习惯在洗手行为中的重要作用，他们选择了特里安迪斯的人际行为理论（TIB）（Triandis，1977）。与很多人类行为理论不同，人际行为理论考虑了习惯的作用和它们对集群行为的影响。为了此次工作坊，杰兹和皮特简化了这一理论，并预先输入了他们的案头研究和现场访问的结论。

如果客户对行为科学不甚了解，在与他们一起工作之前，要先让他们参与进来。在

••••••••••••••••••••••••••••• 术语解析

人际行为理论
作为目的、习惯和促成因素的函数的概念化的行为。TIB的优点之一，是它能够将复杂的行为解释为一个由社会和环境因素导致的结果。

工作坊开展之前，每个客户都收到了一份简短的文献回顾，帮助他们对行为科学的概念有一定的基础认识。另外，就像在第五章中所讲的，杰兹和皮特用了一个测验作为工作坊的开场，测验设计揭示了一些普遍存在的心理学偏见，和我们都在无意识中使用的努力启发式。在杰兹的经验中，一个类似这样的测试能保证在场的每个人都对行为科学产生认同。

　　然后，杰兹和皮特使用MINDSPACE（详见第四章）开始生成干预创意（Dolan等，2012），形成了一个包含超过40条干预措施的列表。作为工作坊的主持人，杰兹和皮特按照关键主题，将生成的干预创意聚合成7个创意群，在此基础上这些创意得到进一步发展。为了选出最有希望的干预措施，这些创意被映射到人际行为理论上，然后根据一套选择标准对其进行评价。

　　一个创意很快就脱颖而出了：在每次工间休息时，给每个人手上盖一个可洗掉的印章。印章图案是一个丑陋的细菌，这一印章图案会令工人觉得反感，并将不可见的细菌突出出来。这个印章将成为洗手行为的视觉触发，并且洗掉这个图案也保证了工人的洗手时长，由此创造了一个默认的洗手时长。如果工人没有洗手，还有印章存在，同事们届时就能知道他没有洗手。如果印章还留在手上，将会激起工人的羞愧感，这样彻底洗手就会变成一种社会规范。而且他们推想，这种行为的重复将会使洗手变成习惯。

实施创意

　　这一创意让杰兹和皮特备受鼓舞，他们挥别了客户，回到英国伦敦去制造这枚印章。正如我们在第六章中提到的，拥有执行创意的能力很重要。构想出一个符合所有预设条件的梦之创意是很棒的一件事，但如果没有办法去完成创意，那这个创意也不能改变任何行为。

　　他们向创意部门简述了要求，通过夸张处理一些有害细菌（大肠杆菌、沙门菌和李斯特菌，见图13-1）的形象，设计了一枚使原本看不见的细菌以形象化图案呈现的印章。他们还四处寻找对于食品和皮肤都安全的墨水生产商。墨水能够在恰当的时间内被洗掉，也是一个关键因素。颜色掉得太快，工人们洗手的时间就不够长；而颜色掉得太慢，洗不掉的印章会让人们感到沮丧。幸运的是，他们找到了一种墨水，从皮肤上洗掉它

图13-1　3种印章图案[①]

----

① 机构的创意部门通过夸张化的手法表现了3种有害细菌，使3种有害细菌看起来像是令人厌恶的鼻涕虫。——编者注

大约需要30秒。他们选择了一个不讨人喜欢的颜色。生态效价理论（Palmer 和 Schloss，2010）指出，我们对颜色的偏爱会受到之前情绪链的影响。基于这一理论，杰兹和皮特选择了棕色，因为他们预测大部分工人对这一颜色有负面的情感依附。

干预与测量

虽然行为审核是在智利完成的，但干预活动却是在危地马拉的一家肉类加工厂开展的。公共区域张贴的海报，突出了盖章计划和减少3种细菌的字样。由屠宰场的一位具有权威性的高层人员向工人们介绍这一印章是一种洗手辅助措施，从而发挥信使效应。

为了展示措施的有效性，对于干预措施结果的测量十分重要。杰兹和皮特虽然最初想

------------------------- 术语解析

信使效应
在评价一则信息时，我们会受到信息传递人的显著影响。

采用监控的方法来获取工人洗手情况和洗手时长的数据，但这种方法可能会转移工人的注意力。尽管目标是增加员工的洗手行为，但干预的终极目标是减少手部细菌。与我们在第十章中看到的一样，测量你的干预措施的真正结果而不是最容易的输出值，是很重要的。

因此，杰兹和皮特分别测量了印章干预措施实施前、实施中和实施后3个阶段工人手部上的细菌数量。他们采集了工人手部的拭子，在一家实验室进行了微生物检测。菌落总数的危

险界限为单手大于1000CFU①。在他们干预之前，有25%的工人超过了这一危险界限。在实施印章干预过程中，只有9%的工人超过了这一危险界限，代表了细菌数量下降了64%。12天后，他们停止了印章干预活动，而在接下来的一周内进行的微生物检测显示，工人大部分的行为变化保留了下来。

你该怎么做：
诊断、设计和测量行为干预措施的工具包

如果你受到启发，想要以一种实用的方式应用行为科学，那么可以遵循一个由3个阶段组成的程序：第一步，通过行为审核诊断问题；第二步，通过行为设计解决问题；第三步，测量干预结果。

工具37　通过行为审核诊断问题

首先，确认一个恰当的理论。理论可以被用来诊断问题，并为干预指明方向。另外，理论还可以解释干预措施如何发挥作用。换句话说，其可以说明作用机制。

---

① CFU为菌落形成单位。是微生物经培养所得微生物群落形成单位的英文缩写。——编者注

在本案例中，案头调研揭示出习惯在洗手行为中发挥了重要作用。因此，杰兹和皮特得去寻找一个聚焦于习惯在影响行为方面起作用的理论。特里安迪斯的人际行为理论（Triandis，1977）正是如此。其优点之一是能够将复杂的行为解释为社会与环境因素导致的结果。杰兹和皮特在最初的案头调研和之后现场参观时，都用了这一理论作为工作结构，对问题进行了诊断。另外，杰兹和皮特将每一种干预措施都投影在这一理论上，用以评价哪一项措施能够更全面地解决这一问题。

亲自认真体验将要进行干预的环境也很关键。如果杰兹和皮特没有参观智利圣地亚哥的屠宰场，可能会设计出极不适用的干预措施。在工作坊中，其中一个创意是通过播放音乐让工人们以更快、更有条理的方式洗手。然而，通过参观屠宰场，杰兹和皮特知道任何音乐都将被永无休止的背景噪声淹没。有了这一认识，杰兹和皮特就可以将放音乐的创意排除在外。

同样地，对环境和文化的亲身体验引发了一场关于"人体烙印"的社会和文化内涵的辩论。经过与工厂管理者和工人的讨论，最终大家认为互相给对方手部盖章，会让人感到友好和幼稚，同时还能强化社会规范。

这两个例子都说明，只要有可能，那就卷起袖子去进行一次"腌臜会诊"来收集资料，从而对什么样的干预措施更可能奏效有一个现实的认识。

工具38　通过行为设计解决问题

为了合作解决一个问题，你需要用一个容易理解、每个人都能快速掌握的工具。在"洗手问题"工作坊中，杰兹和皮特用MINDSPACE（Dolan等，2012）（见图13-2）组织了头脑风暴。虽然这不是一个最全面的结构，但是对于新手来说易懂好用。在与客户一起生成一个长长的创意列表时，其被用作骨架。杰兹作为工作坊的导师，从这些创意中识别出重点主题，从而产生一个精简的关键创意列表。

在产生出一些行为干预的可行性概念后，你怎么知道该选哪个呢？把每个都试一遍，成本高又不现实，所以你需要利用一套相容的选择标准来进行评估。

在开展工作坊时，杰兹和皮特依据人际行为理论对每一个创意进行了打分，来感受哪一个创意能从整体上解决这个问题。另外，杰兹和皮特利用现场参观的经验，淘汰了一些不可行的创意。

最后，要确定你能执行这一创意。如果不可能实现，那么费劲心力设计出的华而不实的行为干预措施是没有意义的。正如我们在第六章所讲的，伟大的创意会因为野心过大而失败。因为拥有一个创意部门，杰兹和皮特能够轻松地制作出印章。这一创意推广应用起来成本非常低。

MINDSPACE

保罗·多兰教授及世界一些著名的行为科学思想家开发出了MINDSPACE结构，使将心理学认知应用于学术场景成为可能。MINDSPACE是20世纪行为科学研究形成的九大人类行为原理的首字母缩写。

S突出

我们的注意力会被新奇或与我们自身相关的事物吸引。

M信使

向我们传递信息的人的身份对我们的影响很大。

P启动

我们的行为常常受到潜意识所受暗示的影响。

I激励

我们对于激励的反应是由可预见的心理捷径决定的，例如强烈地想要避免损失。

A情感

我们的情感联想对我们的行为具有强烈的影响。

N规范

我们受到他人行为的强烈影响。

C承诺

我们会力求遵守自己的公开承诺和酬答行为。

D默认

我们倾向于按照预先设定的选项"随波逐流"。

E自我

我们会以让自我感觉良好的方式行事。

图13-2　MINDSPACE结构

工具39　开展一次实验来测量结果

　　虽然测量最容易或是成本最低的结果很有诱惑力，但要尽可能去测量那些与你想要改变的行为直接相关的数据。在这个案例中，杰兹和皮特本可以直接询问和观察工人的洗手状况，或者使用闭路电视监控来观测工人的行为。然而，最重要的结果是手部细菌的减少。尽管测试手部细菌的数量产生了高昂的费用，但这才是最恰当的测量对象。

　　作为一个附加的好处，现在屠宰场每个月会进行一次拭子检测。这样一来，取工人手部拭子就不会让工人感觉自己突然被监视了。因为已经可以确定，如果研究参与者知道自己在被观察，参与者的行为会发生变化。这种现象被称为"霍桑效应"，这种效应可以通过使用隐蔽或自然观察法进行规避。

　　在干预期间的行动改变当然是一种成就，但之后发生的事也同样重要。毕竟，如果干预一结束一切就恢复原样，那么进行干预就几乎没有意义了。许多行为改变干预措施缺乏引导力，一旦取消了干预措施，行为往往会恢复原状。在这个案例中，在停止盖章后，行为改变持续了10天。如果有可能，可对干预措施进行跟踪，确定行为改变是否得以持续。

印章案例后续

即使盖章活动停止后，干预措施仍然能够大幅改善工人洗手状况，这自然让杰兹感到十分激动。杰兹和皮特还粗略估算了一下对于全球的手部卫生市场来说，他们的解决方案的价值。令他们大吃一惊，这个手部卫生解决方案价值1280亿美元，还有巨大的潜在积极的社会影响。简而言之，这是一个可以让杰兹、皮特和他们的机构有机会名扬天下的案例研究。

杰兹对他们的成就深感自豪，一有机会就会谈起这个案例。一次他跟公司一位董事会成员说起这个案例时，那个人迷惑地看着他，说自己曾听到过一个类似的印章案例，几年前还获得了戛纳国际创意节金狮奖。灰心丧气的杰兹赶快用笔记本电脑进行了疯狂的搜索。没过多久，他就找到了那个获奖案例。那是由一家竞争对手策划的，研究的名字叫"细菌印章"，当时是为提高新加坡学生的手部卫生状况而设计的。

之后，经过深入的思考，杰兹有了清楚的认识。尽管复制研究结果的能力在学术界备受推崇，但这在创意行业与丑闻无异。尽管杰兹并没有这样做的意图，但实际上是抄袭了别人的创意。因此，杰兹和皮特不愿意大规模推广印章案例，更不用说主张知识产权了。

　　杰兹意识到，那些将行为科学应用到私营部门的人，可以从学者那里学习些东西。或许他们应该为干预理念在不同环境和人群中得以复制而庆祝，从而帮助人们不断创新和提高行为改变的方式和能力。如果人们的干预措施，无论成功的还是失败的，都可以为了更大的利益而公开分享，或许所有人都能从中受益。

第十四章

防止工人坠落的粉色墙壁
——伦敦

"助推"提高建筑工地安全性

你可能从来没有听说过一位名叫杰西·波特的美国家庭关系咨询师。但你可能对他的某些观点十分熟悉，虽然这些观点常常被误认为是爱因斯坦说的。

在1981年的一次演讲中，杰西说："如果你总在做你做过的事，你就总会得到你已经得到的东西。"

虽然杰西当时的演讲是关于美国家庭关系的，但在商业界很多方面这句话也同样适用，包括保障健康和安全的方法。一般认为，对健康安全规程进行大量培训加上反复提醒，就足以保证员工的行为安全。在风险较高的环境中，比如建筑行业，确实倾向于使用这样的方法。英国严格的安全要求意味着几乎不能有任何安全事故。

单独看来，几起安全事故或未遂事故可能不会造成灾难性后果。然而，英国发布了《伤害、疾病和危险事件报告条例》（简称为RIDDOR）。该条例要求建筑公司记录所有安全事故，包括"未遂事故"。因为在竞标商业合同时，竞标者必须提供自己的RIDDOR记录，所以该条例可能会波及建筑企业的成功运营。如果有两家建筑公司待选，一家的RIDDOR记录比另外一家更高，这就关系到一个价值5000万英镑的合同花落谁家的问题。因此，健康和安全问题在建筑企业成了决定商业成功的重要因素。

在一个外行人看来，建筑行业似乎是一个由通用的建筑工人组成的团体。但事实恰恰相反，每个建筑项目都涉及很多专业团队，有打地基的地面工、建造大楼的建筑工，还有负责改造大楼内部的装修和翻新工程专家。有一个名叫欧佛伯利的装修公司，在质量和创新方面，过去75年一直居于英国同行业之首。2017年，欧佛伯利开启了位于英国伦敦南岸的壳牌伦敦办公室的内部改造工作。

在健康和安全方面，欧佛伯利虽然被视为是行业的领导者，但公司希望将其工作方法再提高一个档次，完全消除现场的不安全行为。贝壳公司的董事会成员西蒙·古里福德在参加欧佛伯利的一个关于健康与安全问题的会议时，听欧佛伯利的人谈到准备进行一次新的海报宣传活动，鼓励自己的雇员更加安全地行动。西蒙意识到，如果该公司总是做已经做过的事，它也只能继续收获得到过的结果。因此，西蒙建议欧佛伯利公司采取一种具有创新性的方式。如果该公司想消除现场的不安全行为，需要思考那些下意识的人为因素，恰是这些人为因素造成了人的懒惰和长期存在的总是导致不安全的快捷行为模式。

利用行为科学消除建筑业不安全行为

在与欧佛伯利的管理团队会面之后，杰兹已经很清楚，欧佛伯利团队有优秀的管理人员和良好的健康和安全规程。然而，一个行为科学工具包，能够帮助该公司成为健康和安全领域的先锋。在看过了怎样用格林尼治区的婴儿"助推"减少反社会行为、怎样用一个印章提高了工厂工人手部卫生状况的案例之后，欧佛伯利的管理团队相信行为科学将会给他们带来竞争优势。

因为从来没有在建筑行业工作过，杰兹和他的团队首先召集了一个利害关系人团队，取得了在这个领域工作的许可。这个项目得到了蒂姆·查尔顿亨特的支持。他是欧佛伯利的一位土建主管。利害关系人团队还引入了一个建筑健康安全咨询机构。对项目提供支持的还有一位名叫安迪·帕特森的组织心理学助理，他曾在皇家海军担任直升机飞行员，对于在男性主导的高强度环境中的心理和文化有着深刻的理解。考虑到许多咨询人员只在办公室工作过，在团队中引入这种经验让他们更有把握解决这一问题。

通过行为审核理解问题

为了清楚了解欧佛伯利的雇员为什么有时候会走不安全的

捷径，贝壳公司的团队开始进行一次包括现场和非现场的调查来揭开其中的心理原因。贝壳公司的目标集中在消除工人在高空作业或物料搬运过程中的一系列不安全行为。在对与习惯养成、商业环境中的冒险和安全问题相关的学术研究进行了一次文献回顾后，贝壳公司团队开展了一次现场审核，来识别与不安全行为有关的潜意识驱动力和障碍。最后，采用访谈的方式，识别出能够帮助和阻碍安全行为的社会因素和文化因素。

多管齐下，这种方法揭示了对不安全问题的深刻认知。首先，年轻男性喜欢冒险，这是由天然的高水平睾酮决定的。再加上时间压力，这意味着男性会试图走不安全的捷径。那些从未受过伤的年长男性工人乐观地认为，尽管走了不安全的捷径，也不会有什么不好的事情发生在他们身上。多年来，这些男性工人已经发展出了不安全行为的习惯模式，这意味着他们可以更快地完成工作。这种不良行为的既成状况，之后会因越来越多的员工效仿而强化，直到其成为一种强大的社会规范。

利用行为认知设计安全"助推"

有了这些认知之后，在一个合作创新的工作坊中，其被用于设计改变行为的"助推"措施。第十二章中谈到了为开展工作坊，将来自一个组织中的各种各样的人聚在一起合作的重要性。这个项目要将欧佛伯利的代表、行为安全专家、行为科学家和欧佛伯利的承包商（比如电工，他们能带来作业层面的认知）聚集在一起。让所有这些利害关系人都参与创意产生的过程中来，这意味着每个人参与了解决方案的制订，所以都会认可最终的创意。

大家用一个上午一起接受了行为科学核心原理的培训，然后使用在审核中发现的行为认知，通过头脑风暴产生了6项干预措施。使用在第四章中介绍过的"星型技术"，这6个概念被缩减成3个创意：冷静餐厅降低睾酮；金卡计划奖励优秀行为；每周巡查计划帮助工人从监督者的视角理解现场安全问题。

冷静餐厅：一个用以降低睾酮的空间设计

施工现场的餐厅被重新设计为一个冷静区，用以平和员工高涨的情绪，降低睾酮水平，减少工人的冒险行为。具体措施包括：将墙壁漆成贝克米勒粉色，这种粉色还叫作禁闭室粉。这种颜色曾被监狱用于让暴力的罪犯平静下来。位于华盛顿塔科马市的美国生物社会研究中心主任亚历山大·肖斯博士解释了这种颜色对囚犯的影响："面对粉色，一个人即使想要生气或攻击也做不到，因为心脏肌肉收缩不够快。它是一种令人镇静的颜色，会消耗你的能量。即使是色盲的人在粉色房间里也会平静下来。"（Walker，1991）考虑到这种效果，餐厅的墙壁被漆成这种特殊的粉色，为的是让员工返回工作岗位前平静下来。

除了粉色的墙壁，餐厅里还布置了更多植物和公用餐桌，增加了自然光。墙上也贴上了海报，鼓励员工利用休息时间为安全工作做好计划。粉色的墙壁、装饰物和海报共同作用，创造了一个让员工处在有利于现场行动安全的情绪状态的餐厅空间。

金卡奖励计划

为奖励和强化良好的安全行为，给每名员工发放一张金卡。加入激励计划后，员工被要求在卡片上签名，作为对计划和行为安全的双重承诺。另外，金卡标志着他们的会员身份开始日期，以突出他们的任期，增强他们对这个计划的归属感。

拥有金卡的员工可以参加每个周末的抽奖活动，但如果他们被发现有不安全行为，这一周就不能参加抽奖。为了进一步激励良好的行为，如果同一家公司有3个或3个以上的雇员在一周内被摘牌，那么整个公司雇员的牌子都将被从奖池里拿走。由于随机奖励比不变的奖励更能激发人的斗志，抽奖的奖品是随机的（Wright，1962）。例如，前一周是一台55英寸（1英寸=2.54厘米）智能高清电视，而下一周则是一张价值150英镑的玛莎百货购物券。

员工们知道这张属于他们的金卡是有可能失去的，因为对于同等的失去或获得，失去感受到的痛苦是获得的喜悦的2.5倍（Kahneman和Tversky，1979）。这一概念之所以奏效，还因为它从第一天起就自动给每个员工以信任，让他们在开始工作时，对安全行为有更高的期望。给予"无罪推定"，会让员工对自己感觉良好，这会促使他们以对等的行为回报这种恩惠：遵守健康和安全操作规程。

每周巡查：花点时间体会监督者的感受

最后一项干预措施建立在欧佛伯利已有的一项活动的基础上，设计用以帮助雇员通过监督者的角度来理解现场安全的重要性。在"每周巡查"活动中，员工轮流在一位健康和安全专家的陪伴下，巡视现场，评估同事们承担的风险。这一活动有一个支持脚本，会用特别的方式进行提问。这个脚本利用了心理学来强化员工头脑中安全的行为。

例如，如果在巡查过程中观察到了不安全行为，员工会被鼓励去思考其风险及可能的损失。另外，这一脚本要求员工们去思考，他们怎样能以不同的方式完成任务，在每种情况下怎样保持安全，他们能做些什么来避免不安全的行为。最后，参加巡查的员工被鼓励去反思他们是否也曾有过同样的行为，重点思考其原因。对于这些问题的回答激励了员工去理解潜在的风险大于好处，比如说不安全的操作可以节省时间，但后果严重。

测量其影响，同时避免霍桑效应

很明显，员工们会通过大声喊叫来提醒同事他们的安全性正在被评估，所以为了测量这3项干预措施是否成功，必须要进行隐蔽观察。在行为科学实验中，经常会发现如果参与者知道自己处在被观察的状态，表现会不一样，这被称为"霍桑效应"。为了避免这些观察者的影响，一位实践行为设计者皮帕·潘妮库克被赋予了一个健康和福利专家的职务，来了解这些干预措施的运行情况。

欧佛伯利的员工们完全不知道皮帕·潘妮库克的兜里藏着两个点击器，用来把她发现的不安全行为发生的次数记录下来。这种观察每周进行两次，在干预之前进行了4周，在干预过程中进行了12周。为了减少观察者模式行为，也避免员工察觉到测量，每周上午、下午不同时间各观察一次。观察覆盖了所有楼层和区域，就实际而言是每层观察两次。

分步改变结果

在3项干预措施的共同作用下，高空作业的不安全行为下降了82%，物料搬运作业不安全行为下降了93%。两个结果均是显著的。欧佛伯利感到很吃惊，这些低成本的干预措施产生的结果，是在传统的花费巨大的大规模现场检查中极少看到的。

这次干预确实非常成功。杰兹接受了英国广播公司4台每日消费者事件节目《你和你的家庭成员》（*You and Yours*）的采访，讲述了这个项目是如何用粉色墙壁防止员工高空坠落的。该项目获得了建筑健康和安全创新奖，并获得了2019年国际安全大奖的认可。欧佛伯利继续沿用了金卡计划和每周巡查活动，而且冷静餐厅，包括粉色的墙壁，已经推广到了他们所有的工作现场。欧佛伯利为了继续完善企业健康和安全工作方法，现在把目光投向了电子科技创新带来的机会，例如将金卡的概念融入智能手机的电子刮刮卡中，而带有触觉反馈的虚拟现实体验可用于夸张地表现不安全行为的风险。

对于杰兹和贝壳公司团队来说，这个项目的成功给了他们鼓舞，他们想继续应用行为科学，减少建筑行业的不安全行为，目标是预防事故发生，终极目标是拯救生命。

你该怎么做：
在你的世界里应用行为科学的工具包

工具40　按照工具1～工具39去做

"在任何时候，我们都有两个选择：迈步向前去成长或退回安全区。"

以需求层次理论闻名于世的美国著名心理学家亚伯拉

罕·马斯洛如是说。你可以继续沿用你一直在做的安全方法，或者你可以向前走一步，尝试使用微小的"助推"来为你的组织带来地震波一样的影响。这无疑将会是一个艰难的，有时甚至是混乱的过程，但是使用这39个工具包将帮助你临危不乱，游刃有余。

　　这些行为科学的工具包提供了结构和稳健性，但将它们应用于现实问题还需要创造力和适应力。希望你精心设计的计划能够让世界更美好，正如你开启设计"助推"去改善世界的冒险之旅时所期待的那样。

总结：就看你的了

　　使用微小的"助推"可以产生剧烈而持久的涟漪效应。将行为科学应用于你的职场中，你能够让你的同事、客户和你的企业收获更多更好的成果。

　　在我们讲述这样的"助推"如何对全球各地的问题产生显著影响的故事时，我们已经走过了39步来帮助你获得同样的成功。

　　我们开始于创意。我们向你展示了如何让行为科学在你的企业中得以应用，从而将行为科学从实验室引入现实世界。我们谈论了如何运用行为科学证实一个已有的概念。我们强调了在涉及外部利害关系人之前，要先为你的创意设置一个小型内部试验点。我们也讲到了如果没能获得你需要的结果时，在过程中调整创意的重要性。

我们谈到了人的问题。建立一个团队，成员们要能帮助你擘画和执行最具创新性的创意，这是很重要的。我们展示了怎样开展一个工作坊，让一个成员迥然不同的小组能够合作设计出一个行为科学解决方案。我们给出了一些行为科学的技巧，这些技巧可以帮助你将一个大型组织各个不同部门的人聚集在一起。我们还展示了通过恰当的培训，能够赋予组织中所有人设计"助推"的能力。

我们给出了一些成功"助推"的技巧。我们的大脑天性懒惰，我们力劝你要努力去测量干预的真正结果，而不是那些最容易获得的输出值。我们向你展示了如果想要大规模改变行为，就需要将大、小"助推"相结合。一旦你已经做好了在组织中大规模植入行为科学的准备，我们向你展示了那些需要攀登的阶梯。并且，我们还对怎样查验你的"助推"是否符合道德规范进行了指导。

在现实世界应用行为科学确实很不容易，这些步骤将会为你保驾护航，让你拥有最大的成功概率。

重复，而不是复刻

近几年，行为科学领域的专家在复刻一些重要实验的结果时，尽管都是在严格控制的实验室内，但仍然颇费力气。这与在现实世界中应用行为科学解决问题的混乱过程完全相反。你在本书中看到的故事都发生在不受控制的无序环境中，同时有无数的混杂因素。另外，大部分干预活动一次采用了多种"助推"，这是专业学者不会做的。在一次干预活动中布置多种"助推"，我们怎么能够知道哪一个因素的效果最佳呢？有趣的是，这些故事显示出当我们同时实施数种"助推"时，我们可以得到重复的结果。

因此，将我们的注意力从复刻独立的行为科学原理上移开，转而关注那些在一个特定环境中有效的"助推"组合，有可能会产生更多好处。毕竟，如果行为科学不能帮助我们改善真实世界中的问题，理解人类行为又有什么意义呢？这种方法可以提供可重复的且始终如一的商业成功。截至目前，杰兹在商业案例上运用这种思路还从未失手过。

应用行为科学的未来

一个商业与学术互相反哺的未来，将会推动行为科学实现下一次飞跃。尽管学者们利用在受控研究中收集的离散数据集来证明一个心理学原理方面做了出色的工作，但人类行为作为一个宏大普遍的理论却已经被证明是难以捉摸的。然而，随着企业开始获得越来越多关于人类行为的数据，如果能够将其回馈给学术界，这些海量数据包将能够量化和实时改进我们的行为模型。

　　随着越来越多的人开始在各自行业中应用行为科学，我们希望能够开始形成社区。这样的社区将能为学习分享和提供支持搭建平台，有望加快应用行为科学的发展速度。

　　现在就看你的了，因为应用行为科学的未来掌握在你的手中。有了这些案例研究和工具，现在轮到你使用它们了。你有成千上万的机会去帮助组织解决人的问题，使组织更有效率，盈利更多，更加成功。你将从哪里开始呢？

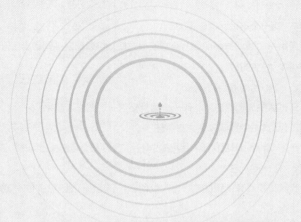

在企业中应用
行为科学的工具包

工具1　找一个本地化的证据

为了向组织中的成员展现行为科学的相关性，可以通过在同事身上开展小型实验获得本地化的证据。

工具2　让你的证据生动起来

可以通过抓拍人们的形象制作一个短片使这一证据鲜活起来。

工具3　尽量减少欺骗以免失去信任

如果你在同事身上开展实验，尽可能少使用欺骗手段，以防失去同事的信任。

工具4　走出回音室

为了收获更多具有创新性的行为改变创意，要走出回音室，对外界影响保持开放的态度。

工具5　和与你不同的人合作

和与你不同的人合作，因为多样化的技能组可能引起偶然的发现。

工具6　虽有风险，但要尝试疯狂的想法

高风险、疯狂和创新性的创意能够提供最丰厚的回报，所以应省下一些预算来对其进行尝试。

工具7　将你的创意和灵感储存起来

有时候你的伟大创意会生不逢时，所以要在你的底层抽屉里设置一个创意库，为未来储备灵感。

工具8　证明之前先简化

为了确认你的创意起效的行为科学机制，在证明之前先将其简化。

工具9　在牵涉外部利害关系人之前，先开展实验

为了证明你的创意将会生效，在引入外部利害关系人之前，先进行一次小规模试验。

工具10　首因效应：工作坊的正确开启方式

当开展工作坊来产生"助推"创意时，选好工作坊的开始步骤很重要。

工具11　模糊厌恶：让人们知道一天的安排

在开展工作坊的当天，要让大家对日程有清晰了解。

工具12 近因效应：以一个积极的结论结束工作坊

精心为工作坊准备一个令人满意的结尾，给这一天画上一个积极的句号。

工具13 从个体和专业两个角度体验行为科学

为了让对行为科学持否定态度的人相信行为科学的价值，帮助他们从个人和专业两个层面体会其效果。（通过向他们展示他们容易受到偏见和思维捷径的影响，向他们展示与其职场生活相关的案例研究。）

工具14 将迭代测试学习的方法应用于干预措施

对于你的干预措施，采用一种交互式的测试并学习的方式，以得到你需要的结果。

工具15 在大型演讲中做到熟能生巧（像个初学者一样去练习）

在向人们讲解你的创意时，通过承认自己的个人缺陷或犯一些小错误，可以让人们感觉更舒适。

工具16 与实干家建立联系

与那些有技能，能将你的行为科学创意变成现实的人建立关系。

工具17 建立一个人际关系生态系统

与那些能够执行你不寻常创意的人建立一个关系生态网。

工具18 挖掘对特定环境的认知

行为与环境是密不可分的，所以要从将要进行干预的特定环境中发掘认知。

工具19 志存高远

为了实现大规模行为改变，你需要有一个能够应对一个国家人口规模的大创意。

工具20 思考入微

在一个大创意之外，你还需要有应对个人层面行为改变的小创意。

工具21 用行为科学模型将大小创意统一起来

利用一个行为科学模型将大创意和小创意有机统一起来。

工具22 证明之梯第一级至关重要，所以优先考虑获得第一个证据

为了在一个组织中大规模植入行为科学，对于你来说最重要的是获得首个证据。

工具23 一次只上一级台阶

如果你想要在一个大型组织中推广行为科学，不要操之过急，要有条不紊地逐级攀登证明之梯。

工具24 到达梯顶

将行为科学植入一个组织需要时间，但是行为科学会给你的耐心以回报。

工具25 利用免费资源

当你开始就行为科学对团队进行培训，鼓励他们首先使用免费资源。

工具26 搜索市场课程

在市场上可以找到各种专业的行为科学培训课程。

工具27 聘请一位行为科学专家

当你到达了在整个组织中推广行为科学的阶段，选择一个能够提供内部培训的行为科学专家。

工具28 测量真正的结果——挑战你内在的认知吝啬鬼

在测量你的干预措施成功与否时，对你的内在认知吝啬鬼发起挑战，去测量真正的结果。

工具29 保持成果简单——计算成本

体现干预措施价值的一个简单方法是，展示其降低企业吸引、维护和增加客户数量的成本。

工具30 对情绪起伏要有心理准备

在现实环境中测量行为改变非常复杂，所以要做好应对情绪起伏的准备。

工具31 "助推"是否符合你个人的道德标准

在企业中设计"助推"时，要确认其是否符合你的道德标准。

工具32　"助推"是否符合公司的道德标准

为了检查你的"助推"是否符合公司的道德标准，请计划一次与风险和合规部门的管理工作会议。

工具33　"助推"是否符合更大范围市场的道德标准

检查你的"助推"是否符合更大范围市场的道德标准，请研究由各种管理组织发布的道德指南。

工具34　用稀缺性吸引参与者

为动员一个多学科的团队来共同解决一个行为问题，使用稀缺性激励大家参与。

工具35　获得权威信使的支持

当从一个巨大的组织中将人员集合在一起时，要争取一个权威信使对项目的支持。

工具36　获得对于参与度的坚定承诺

为了保证团队成员在运用行为科学解决问题时更加投入，要设法获得他们的承诺。

工具37　通过行为审核诊断问题

在开始设计一个行为改变干预措施前，先通过一次行为审核来诊断问题。

工具38　通过行为设计解决问题

在通过行为审核了解了问题之后，再设计你的行为干预措施来解决这一问题。

工具39　开展一次实验来测量结果

开展一次实验来测量干预措施的结果，并证明该措施是有效的。

工具40　按照工具1~工具39去做

参考文献

第一章

[1] Ariely, D. 'Are we in control of our own decisions?', TED, www.ted. com/talks (2008).

[2] Ariely, D. *Predictably Irrational: The Hidden Forces That Shape Our Decisions* (New York, Harper Perennial, 2010).

[3] Ariely, D. and Loewenstein, G., 'The Heat of the Moment: The Effect of Sexual Arousal on Sexual Decision Making', *Journal of Behavioral Decision Making* 19 (2006), 87–98.

[4] Bargh, J. A., Chen, M. and Burrows, L., 'Automaticity of social behavior: Direct effects of trait construct and stereotype activation on action', *Journal of Personality and Social Psychology* 71 (1996), 230–244.

[5] Kahneman, D., *Thinking, Fast and Slow* (New York, Farrar, Straus and Giroux, 2011).

[6] Meyers, A. W., Stunkard, A. J. and Coll, M., 'Food accessibility and food choice. A test of Schachter's externality hypothesis', *Arch Gen Psychiatry* 37 (1980) 1133–1135.

[7] Thaler, R. H. and Benartzi, S., 'Save More Tomorrow™: Using Behavioral Economics to Increase Employee Saving', *Journal of Political Economy* 112, No. S1 (2004), pp. S164–187.

[8] Wansink, B., Painter, J. and Van Ittersum, K., 'Descriptive Menu Labels' Effect on Sales', *Cornell Hospitality Quarterly* 42:6 (2001).

第二章

[1] Bushman, B., Wang, M. and Anderson, C., 'Is the Curve Relating Temperature to Aggression Linear or Curvilinear? Assaults and Temperature in Minneapolis Reexamined', *Journal of Personality and Social Psychology* 89 (2005), 62–66.

[2] Dabbs, J. M., Jr., Hargrove, M. F. and Heusel, C., 'Testosterone differences among college fraternities: Well-behaved vs. rambunctious', *Personality and Individual Differences* 20:2 (1996), 57–61.

[3] Demir, A., Uslu, M. and Arslan, O. E., 'The effect of seasonal variation on sexual behaviors in males and its correlation with hormone levels: a prospective clinical trial', *Cent European J Urol.* 69:3 (2016), 285–289.

[4] Evans-Pritchard, B., worksthatwork.com/1/urinal-fly (2013).

[5] Glocker, M. L. et al., 'Baby schema in infant faces induces cuteness perception and motivation for caretaking in adults', *Ethology* 115 (2009), 257–263.

[6] Wilson, J. Q. and Kelling, G. L., 'Broken Windows: The police and neighborhood safety', *The Atlantic*, www.theatlantic.com/magazine/archive/1982/03/broken-windows/304465 (1982).

第三章

[1] Crime Survey of England and Wales, ONS, www.ons.gov.uk

[2] Loewenstein, G., 'Hot-cold empathy gaps and medical decision-making', *Health Psychology* 24, Suppl. 4 (2005), S49–S56.

第四章

[1] Asch, S., 'Forming impressions of personality', *Journal of Abnormal and Social Psychology* 41:3 (1946), 258–290.

[2] Dolan, P., Hallsworth, M., Halpern, D., King, D., Metcalfe, R. and Vlaev, I., 'Influencing behavior: the MINDSPACE way', *Journal of Economic Psychology* 33 (2012), 264–277.

[3] Murdock, B. B., 'The serial position effect of free recall', *Journal of Experimental Psychology* 64:5 (1962), 482–488.

第五章

[1] Aronson, E., Willerman, B. and Floyd, J., 'The effect of a pratfall on increasing interpersonal appeal', *Psychonomic Science* (1966).

[2] Kahneman, D. *Thinking, Fast and Slow.*

[3] Reicher, G. M., 'Perceptual recognition as a function of meaningfulness of stimulus material', *Journal of Experimental Psychology* 81:2 (1969), 275–280.

[4] Sutherland, R., 'It Isn't a Replication Crisis. It's a Replication Opportunity', behavioralscientist.org (Oct 2018).

第六章

[1] Kruger, J., Wirtz, D., Boven, L. and Altermatt, T., 'The effort heuristic', *Journal of Experimental Social Psychology* 40 (2004), 91–98.

第七章

[1] BBC, 'The Mexicans dying for a fizzy drink', www.bbc.co.uk/news/magazine-35461270 (2016).

[2] OECD, 'Obesity and the economics of prevention: fit not fat. Key facts – Mexico, update', www.oecd.org/mexico/Obesity-Update-2014-MEXICO_EN.pdf (2014).

[3] Olshansky, S. J., Passaro, D. J., Hershow, R. C., Layden, J., Carnes, B. A., Brody, J., Hayflick, L., Butler, R. N., Allison, D. B. and Ludwig, D. S., 'A Potential Decline in Life Expectancy in the United States in the 21st Century', *New England Journal of Medicine 352* (2005), 1138–1145.

[4] Prochaska, J. O. and DiClemente, C. C., 'The transtheoretical approach', in Norcross, J. C. and Goldfried, M. R. (eds.) *Handbook of Psychotherapy Integration* (New York, Oxford University Press, 2nd ed., 2005), pp. 147–171.

[5] Wansink, B. and van Ittersum, K., 'Portion size me: Plate-size induced consumption norms and win-win solutions for reducing food intake and waste', *Journal of Experimental Psychology: Applied* 19:4 (2013), 320–332.

第九章

[1] Hoffman, E., McCabe, K. A. and Smith, V. L., 'Behavioral foundations of reciprocity: Experimental economics and evolutionary psychology', *Economic Inquiry* 36:3 (1998), 335–352.

[2] Kahneman, D., Knetsch, J. L. and Thaler, R. H., 'Anomalies: The Endowment Effect, Loss Aversion, and Status Quo Bias', *The Journal of Economic Perspectives* 5:1 (1991), 193–206.

[3] Langer, E., Blank, A. and Chanowitz, B., 'The mindlessness of Ostensibly Thoughtful Action: The Role of "Placebic" Information in Interpersonal Interaction', *Journal of Personality and Social Psychology* 36:6 (1978), 635–642.

[4] Prison Reform Trust, 'Prison: the facts', Bromley Summer Briefings, www.prisonreformtrust.org.uk (2018).

第十章

[1] Hansen, K., Gerbasi, M., Todorov, A., Kruse, E. and Pronin, E., 'People claim objectivity after knowingly using biased strategies', *Personality and Social Psychology Bulletin* 40 (2014), 691–699.

[2] Martin, C. K., Johnson, W. D., Myers, C. A., Apolzan, J. W., Earnest, C. P., Thomas, D. M., Rood, J. C., Johannsen, N. M., Tudor-Locke, C., Harris, M, Hsia, D. S. and Church, T. S., 'Effect of different doses of supervised exercise on food intake, metabolism, and non-exercise physical activity: The E-MECHANIC randomized controlled trial', *The American Journal of Clinical Nutrition* (2019).

[3] Stanovich, K. E., 'The cognitive miser: ways to avoid thinking', *What Intelligence Tests Miss: The Psychology of Rational Thought* (New Haven, Yale University Press, 2009), pp. 70–85.

第十一章

[1] Accenture, 'From me to we: The rise of the purpose-led brand', accntu.re/33n5LN5 (2018).

[2] Friedman, M., 'The Social Responsibility of Business Is to Increase its Profits', *The New York Times* (13 September 1970), 122–126.

[3] Shampanier, K., Mazar, N. and Ariely, D., 'Zero as a Special Price: The True Value of Free Products', *Marketing Science* 26:6 (2007), 742–757.

[4] Sunstein, C. 'The Ethics of Nudging', *Yale Journal on Regulation* 32:2 (2015), 413–450.

[5] Willis, L., 'When Nudges Fail: Slippery Defaults', *The University of Chicago Law Review* 80:3 (2013), 1155–1229.

第十二章

[1] Cialdini, Robert B., *Influence: Science and Practice* (Boston, Allyn and Bacon, 4th ed., 2001 [1984]).

[2] Farroni, T., Massaccesi, S., Pividori, D. and Johnson, M. H., 'Gaze following in newborns', *Infancy* 5 (2004), 39–60.

[3] Festinger, L., *A Theory of Cognitive Dissonance* (Evanston, IL, Row, Peterson, 1957).

[4] Finzi, E., *The Face of Emotion: How Botox Affects Our Moods and Relationships* (Macmillan, 2014).

[5] Jiwa, M., Millett, S., Meng, X. and Hewitt, V. M., 'Impact of the presence of medical equipment in images on viewer's perceptions of the trustworthiness of an individual on-screen', *Journal of Medical Internet Research* 14, e100 (2012).

[6] Kahneman, D. and Tversky, A., 'Prospect theory: An analysis of decision under risk', *Econometrica* 47 (1979), 263–291.

[7] Malia, M., Lee, A. J., Wiley, E. A. and Ames, D., 'Precise Offers Are Potent Anchors: Conciliatory Counteroffers and Attributions of Knowledge in Negotiations', *Journal of Experimental Social Psychology* 49 (2013), 759–763.

[8] Milgram, S., 'Behavioral Study of obedience', *The Journal of Abnormal and Social Psychology* 67:4 (1963), 371–378.

[9] Mintel, 'Brits Spent £12.3 Billion On Online Groceries In 2018', www.mintel.com (2019).

[10] Mittone, L. and Savadori, L., 'The Scarcity Bias', *Applied Psychology* 58:3 (2009), 453–468.

[11] Sherif, M., Harvey, O. J., White, B. J., Hood, W. R. and Sherif, C. W., *Intergroup conflict and cooperation: The Robbers Cave Experiment* (Vol. 10), Norman, OK, University Book Exchange (1961).

[12] Statista, 'Market share of grocery stores in Great Britain from January 2015 to May 2019', www.statista.com (2019).

[13] Staw, B. M., 'Knee-deep in the big muddy: a study of escalating commitment to a chosen course of action', *Organizational Behavior and Human Performance* 16:1 (1976), 27–44.

[14] Strecher, V. J., Seijts, G. H., Kok, G. J., Latham, G. P., Glasgow, R., DeVellis, B., Meertens, R. M. and Bulger, D. W., 'Goal setting as a strategy for health behavior change', *Health Education Quarterly* 22 (1995), 190–200.

[15] Tesco Key facts, www.tescoplc.com/about/key-facts (2019).

[16] Zajonc, R. B., 'Attitudinal Effects Of Mere Exposure', *Journal of Personality and Social Psychology* 9:2 (1968), 1–27.

第十三章

[1] Centers for Disease Control and Prevention, 'Estimates of Foodborne Illnesses in the United States', www.cdc.gov/foodborneburden (2014).

[2] Dolan, P., Hallsworth, M., Halpern, D., King, D., Metcalfe, R. and Vlaev, I., 'Influencing behavior: the MINDSPACE way', *Journal of Economic Psychology* 33 (2012), 264–277.

[3] Palmer, S. E. and Schloss K. B., 'An ecological valence theory of human color preference', *Proceedings of the National Academy of Sciences* 107 (2010), 8877–8882.

[4] Triandis, H. C., *Interpersonal Behaviour* (Monterey, CA, Brook/Cole, 1977).

[5] World Health Organization (WHO), 'Water for health: taking charge', www.who.int/water_sanitation_health/wwdreportchap4.pdf (2001).

第十四章

[1] Jessie Potter quote in Ahern, T., 'Quality Called Key To Life', page 5, column 5, The Milwaukee Sentinel (24 October 1981).

[2] Kahneman, D. and Tversky, A., 'Prospect theory'.

[3] Walker, M., *The Power of Color* (New York, Avery Publishing Group, 1991), pp. 50–52.

[4] Wright, J. C., 'Consistency and complexity of response sequences as a function of schedules of noncontingent reward', *Journal of Experimental Psychology* 63:6 (1962), 601–609.

致谢

杰兹

在此我想感谢我亲爱的妻子和我的三个儿子路易斯、米尔斯和艾利克斯。过去十年，是他们支持我进入了行为科学行业，完成了职业转型。感谢他们能让我放弃广告业的高薪，去追寻自己的理想。

我想感谢我的父母麦基和艾伦，我的继母莫林，以及我的家人海伦、马克、克莱尔、科瑞斯、哈瑞、迪恩、米歇尔、恩菲斯、赛伦和尼克，感谢他们的耐心和倾听，让我在家庭聚餐和典礼上，不停地唠叨行为科学的奇闻趣事。

我想感谢蕾切尔·哈顿、安妮特·金和保罗·奥唐纳，早在2011年12月就大胆地在一个新的行为科学项目"奥美新改变"上投入了宝贵的时间和资源。非常感谢奥美实验室的主管妮科尔·伊珊对"奥美新改变"投入的时间和资金，并帮助我们赢得了新的客户，打开了一片新天地，其中要特别感谢在"格林尼治区的婴儿"案例上对我们的帮助。

在从事行为科学工作后，我和早期雇员们一起度过了许多美好时光，在此特别感谢"奥美新改变"团队的丹、朱尔斯、科萨、皮特、瑞贝卡和埃莉诺，他们现在仍活跃在行为科学和咨询领域。

还有一位无名英雄应该受到赞誉，他将前三届具有独创性的"年度助推大会"从梦想变成了现实。在那些年，乔一直在和我与团队一起工作，创建了现在这个已经在正常运行的年会平台。

之后我决定自己创业，成立了一个新的行为科学实践机构——贝壳咨询公司。如果没有威尔、罗娜、西蒙、保罗和史蒂夫的帮助，我的创业不可能成功，谢谢你们。

我们队伍里的明星——齐巴、拉菲、皮帕、艾拉、菲比、约恩、杰斯、阿泽姆、杰米、萨姆、拉夫、安迪、约翰、理查德、爱玛、艾米和克里斯汀，为实现让企业达到人力极限的人性化并不断进步的使命，每个人都贡献颇多。

没有莎莉、克雷格、露西、科瑞斯及哈里曼之家团队众人的帮助，这本书永远不可能完成。在此对你们的技能、建议和专业表示深深的谢意。

最后，衷心感谢本书的联合作者阿普丽尔，是她的耐心和勤奋才让这本书得以面世。虽然这些故事的主人公是我，但是大部分是由她写作完成。她以杰出的笔法记述了这些特别的故事，对此我感到十分感激。

阿普丽尔

让别人讲述自己的故事，确实是一种莫大的冒险，所以首先要感谢杰兹对我的信任。很荣幸能够听您讲述、有机会学习并撰写您在职业生涯中的这些宝贵见解。因为您，我在过去一

年中学到的东西比四年大学学到的还要多。对于能够得到这样难以置信的平台和机遇，我感到无限感激。

感谢勤劳的编辑克雷格·皮尔斯，感谢他不断地鼓励以及对于本书的热情。有了他的支持，本书才得以出版，和他一起工作真的让人很开心。同样感谢哈里曼之家团队的其他成员：感谢莎莉推动了项目开展，感谢露西讲述了"涟漪效应"的世界，感谢科瑞斯高超的封面设计。

感谢奥美的皮特·戴森，对于我们的初稿给予了非常有益的反馈。感谢丹·班尼特，让我了解到了奥美公司令人惊讶的最新发展情况。

感谢贝壳咨询公司的齐巴、拉菲、皮帕和艾拉，允许我去讲述他们工作中的故事。每天与他们，以及贝壳团队的威尔、拉夫、杰米、约恩、菲比、杰斯、阿泽姆、约翰和安迪一起工作让人十分开心。同样要感谢萨姆，慷慨地为我们拍摄了作者照片。

特别感谢我的父母——黑兹尔和奥利弗，他们给了我追寻兴趣的空间，允许我从数学专业转到了心理学专业。谢谢他们鼓励我在职业生涯中以个人成就感为先，而不是以经济收入为先。还要感谢无论我做什么都支持我的爷爷奶奶，也谢谢他们在亚马逊留言栏里的精彩评论。

感谢我的姐姐碧，指点我找到了介绍涟漪效应的方向，并总能给我提供人生的参照。

最后，感谢罗比，谢谢他长期以来的冷静规劝，以及每天给我带来的欢笑。